DEPENDÊNCIA QUÍMICA E ESPIRITUALIDADE

Um guia para pais educadores e profissionais de saúde

Fabrício Oliveira

PROMOÇÃO DE SAÚDE E PAZ

DEPENDÊNCIA QUÍMICA E ESPIRITUALIDADE

Um guia para pais educadores e profissionais de saúde

Fabrício Oliveira

Artesã

Dependência química e espiritualidade:
um guia para pais educadores e profissionais de saúde
1ª edição

COORDENAÇÃO EDITORIAL
Karol Oliveira

DIREÇÃO DE ARTE
Tiago Rabello

REVISÃO
Maggy de Matos

CAPA
Kamila Moreno

PROJETO GRÁFICO E DIAGRAMAÇÃO
Conrado Esteves

O48 Oliveira, Fabrício.
Dependência química e espiritualidade : um guia para pais educadores e profissionais de saúde / Fabrício Oliveira . – Belo Horizonte : Ed. Artesã, 2016.
188 p. ; 21 cm.
ISBN: 978-85-88009-56-1
1. Agravos à saúde. 2. Dependência química. 3. Espiritualidade. I. Título
CDU 615.099

Catalogação: Aline M. Sima CRB-6/2645

IMPRESSO NO BRASIL
Printed in Brazil

ARTESÃ EDITORA LTDA.
Site: www.artesaeditora.com.br
E-mail: contato@artesaeditora.com.br
Belo Horizonte/MG

Dedicatória

Aos meus pais,
Gerson e Luiza.

Agradecimentos

Eu agradeço a Deus,

a todas as pessoas que contribuíram para meu aprendizado, que hoje é busca constante,

aos meus familiares, amigos, pacientes e colegas,

às instituições de ensino, de espiritualidade, de pesquisa e de trabalho nas quais fiz e tenho feito o percurso de minha vida,

aos amigos da Artesã Editora e a todos os revisores desta obra, em especial ao professor Rubens Tavares, que com suas sugestões tornaram-na o mais próximo possível de sua realização ideal!

Um forte abraço!

Sumário

Prefácio

A inclusão da espiritualidade na abordagem do paciente tem sido cada vez mais preconizada e defendida pelas sociedades médicas, como por exemplo, o *positioning statement* publicado em 2016 pela Associação Mundial de Psiquiatria sobre a importância da inclusão da Espiritualidade / Religiosidade no processo de ensino, pesquisa e prática clínica em psiquiatria.

Concomitantemente, outras sociedades médicas e departamentos acadêmicos têm intensificado essa discussão e apoiado disciplinas que abordam a espiritualidade em diversas faculdades de medicina no Brasil e no mundo. Esse livro é, então, um importante instrumento de ensino, pesquisa e extensão, os três pilares indissociáveis da estrutura universitária e é de grande importância para auxílio aos grupos de estudos como as ligas acadêmicas de Saúde e Espiritualidade e ligas afins, que têm crescido em número e qualidade em nosso país.

Dr. Fabrício Oliveira é psiquiatra, homeopata e pesquisador, e foi um dos idealizadores e fundadores do Núcleo Avançado de Ciência, Saúde e Espiritualidade da Faculdade de Medicina (NASCE-UFMG) em 2006. A criação do NASCE, como bem explica em sua obra, gerou um efeito borboleta positivo, através do trabalho com centenas de estudantes de medicina, profissionais de saúde e pessoas com afinidade pelo tema, com repercussões intensas na vida, trabalho e qualidade de vida de cada um.

O livro disponibiliza conceitos, esclarece dúvidas e explica teorias atuais, sobre processos responsáveis pelos estados de saúde e doença e como esse desequilíbrio pode provocar enfermidades.

Temos muito que respeitar e agradecer ao modelo atual materialista apresentado pela medicina hegemônica ocidental, entretanto, essa nova visão da medicina vem humildemente propor uma união.

Assim como "uma mão lava a outra e as duas lavam o rosto", precisamos nos unir para compreender melhor essa complexidade e grandiosidade que é ser um ser humano. Precisamos olhar além de um fígado, um cérebro, um baço e tentar entender estas partes como interligadas entre si e com o meio em que se encontram.

Essa é a nova medicina, que está crescendo cada vez mais à medida que o conhecimento científico demonstra a importância de métodos profiláticos descritos nesta importante obra.

Em resumo, o livro vai além de sua proposta inicial de estabelecer uma conexão entre dependência química e espiritualidade, mas o leitor poderá comprovar que as técnicas discutidas aqui servirão de base para uma melhoria significativa em nossas vidas nos nossos mais diversos tipos de "dependências" biológicas, psíquicas, espirituais e sociais, na medida em que cada melhoria na saúde espiritual acarreta concomitantemente a melhoria na qualidade de vida do indivíduo e da população.

"Prevenir é melhor que remediar": nós, seres humanos somos influenciados pelos exemplos que recebemos desde o nascimento, e este livro demonstra que a prevenção de muitos problemas vem pelo simples ato de amar a si mesmo e ao próximo.

E esta é a interpretação proposta pelo autor. Embora possa haver discordâncias particulares geradas a partir das explicações e interpretações gerais aqui levantadas, acredito que o ideal de humanização e, sobretudo, de espiritualização da sociedade continua: a cura de nossas dependências depende de nossas transformações espirituais.

Boa leitura, estudo e transformação!

Dr. Rubens Lene Carvalho Tavares

Professor Adjunto da Faculdade de Medicina de Minas Gerais. Coordenador do NASCE - UFMG (Núcleo Avançado de Saúde, Ciência e Espiritualidade da Faculdade de Medicina da Universidade Federal de Minas Gerais)

CAPÍTULO 1

Aspectos conceituais e epidemiológicos sobre religiosidade, espiritualidade e dependência química

Introdução

Segundo dados da OMS, os transtornos mentais são a segunda causa de incapacidade no mundo. No Brasil, estima-se que em 2020 os transtornos mentais estejam na primeira colocação entre as causas de incapacidade funcional. Além disso, estima-se que aproximadamente 10% da população mundial seja portadora de algum transtorno mental, em taxas que varia entre 20 e 50% dependendo da população e do transtorno mental estudado.

Até o final do século XX, as organizações mundiais de saúde não davam a devida atenção aos transtornos mentais por observarem que as taxas de mortalidade devido a estes transtornos na população eram muito baixas.

A Classificação Internacional de Doenças (CID 10) descreve que um transtorno mental pode ser considerado como "uma doença com manifestação psicológica associada a algum comprometimento funcional resultante de disfunção biológica, social, psicológica, genética, física ou química".

Esses transtornos mentais podem ainda ser classificados como as alterações do modo de pensar e/ou do humor associadas a uma angústia expressiva, produzindo prejuízos no desempenho global da pessoa no âmbito pessoal, social, ocupacional e familiar.

Assim, pode gerar prejuízos na funcionalidade de um indivíduo nos aspectos pessoal, social, trabalhista ou familiar.

Inúmeras combinações de fatores podem causar uma miscelânea de comprometimentos comportamentais e mentais. Por exemplo, estudos apontam para a presença de transtornos mentais em 50 a 70% das pessoas portadores de um quadro de dependência química.

O que é dependência química?

Dependência Química pode ser entendida como um tipo de transtorno mental, que por sua vez, se caracteriza pela manifestação psicológica atrelada a algum comprometimento funcional como resultante da interação de fatores biopsicossociais. E acredito, por que não dizer, espirituais também.

Alguns dados estatísticos sobre álcool, cigarro e outras drogas

Segundo dados da Organização Mundial de Saúde (OMS), cerca de 2 bilhões de pessoas consomem bebidas alcoólicas (corresponde a 40% da população mundial acima de 15 anos). Estima-se que cerca de 2 milhões de pessoas morram a cada ano em decorrência das consequências negativas deste uso, por intoxicação, cirrose, violência, acidentes de trânsito, dentre outros.

Só na América Latina, estima-se que cerca de 10 % das mortes e incapacidades estejam relacionadas ao consumo de álcool.

Com relação ao cigarro, por exemplo, segundo a OMS, o consumo de tabaco é a 2ª causa de morte no mundo, seguido pela hipertensão. E, ainda, é responsável pela morte de 1 em cada 10 adultos no planeta.

Segundo dados do UNIDOC, relatório mundial sobre drogas de 2015, referente às estatísticas do ano de 2013, aproximadamente 250 milhões de pessoas no mundo usaram drogas ilícitas em 2013. Isso representa algo em torno de 5% da população mundial entre 15 e 64 anos de idade. Abusadores, ou seja, usuários de drogas que tiveram problemas com o uso, somaram, segundo este relatório, em torno de 27 milhões de pessoas, das quais se estima metade seriam usuárias de drogas injetáveis.

Quais os tipos e os graus de dependência química?

Existe uma gradação no padrão de uso até que um indivíduo possa ser considerado dependente químico, podendo-se didaticamente imaginar uma escada em 3 níveis.

O primeiro, o degrau do USO, que pode ser um risco, em alguns casos, para o degrau do ABUSO, e enfim, chegar ao degrau da DEPENDÊNCIA. Alguns de vocês podem ter imaginado esta escada subindo. Eu sugiro que você imagine o último degrau como sendo o mais baixo.

Compreende-se o USO como qualquer tipo de consumo, quer seja para experimentação, esporádico ou episódico. Neste sentido, se alguém já experimentou maconha alguma vez na vida, é considerado, neste ponto de vista, como um usuário.

Já o ABUSO se manifesta quando o consumo está atrelado a algum tipo de prejuízo biopsicossocial. Por exemplo, um jovem que bebe a cada 2 meses, cerca de 03 copos de cerveja, mas que, associado a uma ocasião de uso, bateu o carro por ter seus sentidos alterados enquanto bebia.

E a DEPENDÊNCIA, quando existe atrelado ao consumo sem controle, prejuízos mais graves associados.

Apenas para se ter uma ideia, de cada 10 pessoas que usam álcool, uma tem a chance de se tornar dependente química desta substância. Rush, um dos primeiros médicos a estudar o álcool como uma substância que poderia induzir alterações psicológicas e orgânicas nos indivíduos, sintetizou: "Beber começa um ato de liberdade, caminha para o hábito e, finalmente, afunda na necessidade". Naturalmente que o caminho de uso para o abuso e a dependência de outras drogas também se dá da mesma forma.

Uma cultura que incentiva o consumo indiscriminado de álcool, pode favorecer a formação de uma população dependente e alienada, distraída das possibilidades de alcançar os seus mais altos fins.

Adicionalmente, descreve-se dependência química cruzada ou isolada. No caso da cruzada, quando há o uso de várias substâncias diferentes ao mesmo tempo num padrão de uso caracterizando dependência. Como exemplo de dependência isolada de uma substancia específica, existem a cocaína ou crack, o álcool, o cigarro, remédios para dormir, maconha, dentre outros.

O que é espiritualidade?

Segundo Koenig (2001), a Espiritualidade pode ser compreendida, como a relação com o sagrado ou o transcendente (Deus, Poder Superior, realidade última).

Já segundo Hufford (2005), a espiritualidade tem a ver com o domínio do espírito (Deus ou deuses, almas, anjos, demônios) [...] algo invisível e intangível que é a essência da pessoa.

Existem ainda visões religiosas a respeito da espiritualidade, que remontam a conceitos aproximados aos acima explicitados.

Em metáforas, poderíamos dizer que a religião é o sapato, e o caminho é a espiritualidade, em busca de Deus. Ou ainda, que a religião é como uma escola de mergulho ou de alpinismo, ajudando a pessoa a mergulhar ou a encontrar as culminâncias no encontro com Deus. O ato em si de escalar uma montanha ou de mergulhar no oceano, teria a ver com a espiritualidade, na medida em que essa carrega um forte componente experiencial, prático, e, não apenas teológico ou teórico.

Muitos santos da Igreja Católica e místicos de todos os tempos descreveram suas experiências com o divino de forma muito pessoal, num sentido íntimo que ia muito além das convenções religiosas de seu tempo.

Frases como a de Santo Agostinho: "Fizeste-nos, Senhor, para ti, e o nosso coração anda inquieto enquanto não descansar em ti", revelam estas características.

O que é a religiosidade?

Ainda segundo Koenig (2001) a religiosidade pode ser compreendida como um "sistema organizado de crenças, práticas e símbolos desenvolvidos para facilitar a proximidade com o sagrado ou o transcendente.

Para Huford (2005), as religiões são instituições organizadas em torno da ideia do espírito, a partir da qual a religiosidade se desenvolve.

Então, a Religião nos parece ser uma ponte que favorece o encontro com o sagrado, mas não é o sagrado em si.

Todas as vezes em que esse papel é confundido, o Relativo se confunde com o Absoluto, e os descaminhos da religião em cumprir sua função de apaziguamento se desvanecem em meio as ilusões e vaidades humanas.

Assim, observamos muitas pessoas se apegando "à letra, que mata", e esquecendo o "espírito, que vivifica", apegando-se a rituais, dogmas e esquecendo de colocar acima de tudo o Amor a Deus, a si e ao próximo, que na expressão de João Evangelista, é a manifestação sintética do próprio Deus, segundo os ensinos do Cristo.

Religiosidade intrínseca e extrínseca

Há ainda, na perspectiva científica (Alport e Ross), uma dimensão da religiosidade chamada intrínseca e outras extrínseca, que valoriza, respectivamente, mais aspectos íntimos, na dimensão religiosa, enquanto a outra, mais aspectos externos. Na intrínseca, a religião assume um papel central na vida do indivíduo, enquanto que na extrínseca, a Religião serve como status ou forma de conseguir alcançar outros fins, de interesse próprio.

Coping religioso e espiritual

O conceito de *coping* (Moreira-Almeida, 2009) tem a ver com formas de suporte que a religião ou a espiritualidade podem fornecer, em situações em que o indivíduo tem a impressão de não conseguir atravessar sozinho.

Poderíamos dizer, assim, que na dimensão social, o *coping* e a religiosidade extrínseca, falam mais da relação do indivíduo com a comunidade, numa esfera mais religiosa, conferindo o sentido do pertencimento, enquanto que a religiosidade intrínseca e a espiritualidade em si, tratam mais da experiência do indivíduo com ele mesmo e com as forças sagradas da vida, na atribuição de sentido e significado para as experiências vividas.

Existe, ainda, segundo Koenig (2001), formas de *coping* que podem ser consideradas positivas ou negativas. Positivas, quando as interações entre os indivíduos e o suporte oferecido pela religião e o ambiente religioso promovem bem-estar, através do incentivo a posturas de perdão, oração e resolução dos problemas em cooperação com Deus.

Já as negativas, quando podem ser fatores de adoecimento, isolamento e revolta, incentivando posturas de crena em um Deus punitivo, delegação da resolução integral dos problemas por parte de Deus, comportamentos violentos, etc.

A espiritualidade no tratamento da dependência química – o que mostram as evidências?

Estudos recentes, (Tostes *et al.*, 2013) encontraram correlação positiva entre Religiosidade e Espiritualidade e bem-estar psicológico, satisfação com a vida, felicidade, afeto positivo e autoestima elevada e menor ideação suicida entre os indivíduos mais religiosos.

Além disso, a religiosidade do paciente pode influenciar a tomada de decisões médicas, inclusive gerar crenças que conflitam com cuidados médicos, induzir conflitos espirituais que criam estresse prejudicando os resultados e interferir na detecção da doença e adesão ao tratamento.

No campo da Dependência Química, existem evidências consistentes de uma relação inversa entre religiosidade e uso/abuso de substâncias, tanto em adolescentes quanto em adultos.

Estudos no Brasil constataram que fatores religiosos estão fortemente associados a menor frequência de uso de drogas pelos indivíduos. Além disso, indivíduos assíduos a serviços religiosos são menos suscetíveis a iniciar ou continuar fumando e a fazer uso excessivo de álcool ou outras drogas.

Como a espiritualidade e a religiosidade influenciam o comportamento do dependente químico?

Existem várias hipóteses para os prováveis mecanismos de ação do fator religioso e espiritual sobre o comportamento dos indivíduos envolvidos com o consumo de álcool, cigarro e outras drogas.

Dentre eles, podemos citar: os valores negativos associados com uso e abuso de álcool, tabaco e drogas ilícitas; as recomendações e proibições explícitas aos jovens e demais adeptos para que não experimentem ou utilizem as substâncias; uma rede social de apoio mais intensa que, além de apoiar, também vigia o comportamento do membro em sua vida pessoal.

E a associação de uso de substâncias com noções de pecado, tentação, queda, afastamento da fé, talvez também contribua para que alguns membros recusem a experimentação ou o uso contínuo de substâncias psicoativas (Vitti, 2009).

Neste pequeno volume, iremos trazer também algumas hipóteses para esta relação ser tão positiva, construídas a partir de nossa experiência clínica nesta área. E, a partir de diferentes visões religiosas, apresentaremos elementos que possam justificar este tipo de consideração. Mas antes de realizamos esse percurso, irei propor um exercício para que você medite sobre as suas crenças. Veja a seguir.

EXERCÍCIO 1 – MEDITAÇÃO SOBRE AS SUAS CRENÇAS E SEUS POTENCIAIS

Existe uma história que fala de um rapaz, que morava com sua mãe, e que vivia em uma cidade onde todos diziam que ninguém seria capaz de subir no alto de um grande monte e pegar uma flor muito rara, que guardava possibilidades terapêuticas muito nobres. Certo dia, ele recebeu a notícia de que sua mãe estava doente, e ele, sabendo que poderia haver uma saída, através desta flor, subiu ao monte e voltou com ela em suas mãos. O remédio foi feito e a mãe foi curada.

Perguntaram à mãe dele como ele havia conseguido, já que ninguém seria capaz de subir aquele monte. A mãe respondeu a todos que ele era surdo, e que nunca havia contado para ele que ninguém, até aquele dia, teria sido capaz de buscar aquela flor. Medite sobre as suas crenças... O que tem lhe impedido de voar? De alcançar os seus mais altos fins? De voar acima das nuvens e descobrir que, lá, acima das nuvens, o céu sempre é azul?

Permita-se refletir sobre as suas crenças e sobre si mesmo(a). Quais são os seus limites? Quais são os seus potenciais? E quais são as suas dificuldades? Em que você mais acredita? Em que você menos acredita? O que você acha que ninguém é capaz de fazer e que alguém fez? O que você acha que todo mundo é capaz de realizar, mas que ninguém ainda o fez, nem mesmo você?

CAPÍTULO 2

Judaísmo, adoração e dependência química: Entre o profano e o sagrado

E vos tenho enviado todos os meus servos, os profetas, madrugando, e insistindo, e dizendo: Convertei-vos, agora, cada um do seu mau caminho, e fazei boas as vossas ações, e não sigais a outros deuses para servi-los; e assim ficareis na terra que vos dei a vós e a vossos pais; porém não inclinastes o vosso ouvido, nem me obedecestes a mim.

(Jeremias, 35:15)

Sobre o judaísmo

O Judaísmo é uma religião monoteísta que apresenta forte influência sobre a formação da cultura do ocidente, devido ao marcante componente de espiritualidade e religiosidade em suas linhas de adoração, embora seja uma das menos populosas do mundo. Estima-se, hoje que em torno de 15 milhões de pessoas professem esta religião.

Presente em movimentos históricos marcantes, conta em sua tradição com o marco de alianças que foram feitas entre Deus e o povo, que garantiram a sua sobrevivência e orientariam a sua migração por diferentes regiões do planeta, significando a constante presença e amparo de Deus em sua peregrinação pelo mundo.

Um dessas alianças, segundo a tradição judaica, teria sido feita entre Moisés e o Criador, através da tábua dos 10 mandamentos. Iremos estudar os 10 mandamentos neste e no próximo capítulo, estabelecendo um paralelo entre o Sagrado, a Adoração e a Dependência Química.

A dependência química e a psicologia do sagrado

Para o professor Gilberto Safra, da Pontifícia Universidade Católica de São Paulo, "parece bastante interessante e fecundo o estudo do lugar do sagrado para um determinado sujeito ou para uma determinada cultura".

Para ele, e para mim também, "a maneira como um sujeito concebe o sagrado parece determinar a posição que esse sujeito vai ocupar no mundo e também a sua maneira de hierarquizar suas experiências psíquicas".

E ainda, junto com ele, acreditamos que "a vinculação com o sagrado estabelecida pelo indivíduo não é necessariamente aquela que ele conscientemente afirma ter através da sua relação com uma dada religião ou mesmo na ausência dela. O psiquismo humano parece ser habitado por "deuses" dos mais diversos tipos e qualidades, que, em suas relações, dramaticamente vividas, na fantasia inconsciente, determinam muito mais da vida da pessoa do que essa gostaria de admitir".

O sagrado, o profano e o numinoso

Para Durkheim (1996), o sagrado seria o traço essencial dos fenômenos religiosos, na medida em que se define pela oposição ao profano. Sagrado e profano estariam remetendo a dois mundos opostos, em torno dos quais a vida gravitaria, sob um prisma religioso. As coisas e seres sagrados, de certa forma, para ele, seriam responsáveis por proteger os indivíduos e a comunidade do profano.

O termo "numinoso" foi concebido por Rudolf Otto (1985) para se referir às propriedades atrativas (fascinantes) e repulsivas (tenebrosas) contidas na percepção do Sagrado. Para esse autor, o sagrado apresenta-se como uma realidade de ordem absolutamente distinta da ordem natural. Descrevendo os aspectos do numinoso, ele fala da experiência do *mysterium tremendum,* uma vivência de terror perante o ser ou objeto sagrado. Essa experiência do numinoso poderia ocorrer, por exemplo, em outros domínios além da religião, como nas artes.

O sagrado, o numinoso e a dependência química: reflexões sobre os 10 mandamentos

Entre o profano e o sagrado, o dependente químico pode estabelecer om a droga uma experiência numinosa, onde a droga é colocada no altar de sua alteração interior, como deusa de sua psique.

O que estamos postulando, a partir da estrutura dos 10 mandamentos, é que parece haver de fato, na perspectiva psicológica humana, uma predisposição para a adoração. Porém, embora pareça haver um determinismo para o adorar, pode-se escolher a que se adora, motivo pelo qual Moisés teria alertado ao povo recém liberto a não tornar profana a sua adoração, evitando formas concretas de representação do sagrado, a fim de que o símbolo não fosse entronado no lugar da essência que ele representaria.

Do ponto de vista da dependência química, chamamos de "efeito cascata da recaída", o que observamos diariamente na clínica com pacientes que permitem a droga ocupe o seu lugar de adoração, na cripta sagrada da alma, ou do coração.

Ou seja, na busca pelo numinoso, o paciente encontra na droga a possibilidade de se deparar, a partir de uma substância psicoativa, com algo que poderia o aproximar do êxtase dos santos, do "*mysterium tremendum*" acima citado. Porém, iludido como a mariposa que busca na água o reflexo da lua e se afoga, na caída da noite, o dependente químico acredita estar tendo a experiência um deus, mas um deus profano, com letra minúscula, o "deus-droga".

E a partir daí o gatilho do "efeito-cascata da recaída", que sob um prisma moral e ético é disparado, e os efeitos se fazem sentir em toda a sociedade, a começar, no seio das famílias.

Com o primeiro mandamento descumprido, os seguintes vão sendo consequências naturais da mente iludida pelos prazeres do profano, na sua busca, quiçá inconsciente, pela autêntica manifestação do sagrado, do numinoso em suas vidas.

Os 10 mandamentos

Tabela 2.1 – A lista dos 10 mandamentos (Êxodo, 20)
I "Eu sou o Senhor, vosso Deus, que vos tirei do Egito, da casa da servidão. Não tereis, diante de mim, outros deuses estrangeiros. – Não fareis imagem esculpida, nem figura alguma do que está em cima do céu, nem embaixo na Terra, nem do que quer que esteja nas águas sob a terra. Não os adorareis e não lhes prestareis culto soberano".
II. Não pronunciareis em vão o nome do Senhor, vosso Deus.
III. Lembrai-vos de santificar o dia do sábado.
IV. Honrai a vosso pai e a vossa mãe, a fim de viverdes longo tempo na terra que o Senhor vosso Deus vos dará.
V. Não mateis.
VI. Não cometais adultério.
VII. Não roubeis.
VIII. Não presteis testemunho falso contra o vosso próximo.
IX. Não desejeis a mulher do vosso próximo.
X. Não cobiceis a casa do vosso próximo, nem o seu servo, nem a sua serva, nem o seu boi, nem o seu asno, nem qualquer das coisas que lhe pertençam.

O mandamento maior e a lei de adoração

Ao contrário do povo budista, em que, segundo alguns estudiosos, a questão da causalidade divina da criação é uma questão bem abstrata e de difícil aceitação, o povo judeu tem como base de sua crença a filosofia monoteísta. Esse Deus único, segundo o versículo de Moisés, deverá ser adorado e não se deve criar outros ídolos nem na terra nem no Céu, que possam competir com esse Deus.

Psicologicamente, é possível postular, a partir de várias teorias que propõem a existência de um "Self", ou "Eu-Profundo", de que este aspecto da Psique, ou Alma, apresenta alguns atributos. Um deles, o atributo do sagrado. Postulamos, de certa forma, que há em mim e em você, como lei da dinâmica psíquica, uma predisposição para "o adorar", um Altar.

Para Jung, segundo a pesquisadora Berenckzy (2014), "a ideia de Poder Superior, ao identificar algo que transcende o homem, corresponde a mais uma representação de Deus que, independentemente do símbolo usado, sempre existiu na humanidade". E, ainda para esta autora, "Jung identifica em Deus uma função psicológica necessária e capaz de atuar no processo de "individuação", ou seja, "o tornar-se o ser único que se é, a realização do si mesmo"

Quero ir mais longe, junto com esta mesma autora dizendo: "Jung diz não estar afirmando (nem negando) a existência de Deus, mas apenas constatando que há um arquétipo correspondente à "imagem de Deus", "do mesmo modo que o arquétipo do herói não pressupõe a sua existência".

Neste sentido, ela apresenta Deus como uma função: "a questão não é se Deus existe (questão teológica) ou se acreditasse Nele ou não, mas o que acreditar Nele ou não faz pelo indivíduo (questão espiritual), quem o indivíduo se torna a partir dessa crença".

Moisés, assim, como orientador de um povo que se viu por séculos escravizado propõe, de forma didática e pedagógica, como um evocador do arquétipo de Deus na intimidade do povo que liderava, uma mensagem para evitar erros no campo íntimo dos indivíduos no terreno da adoração.

Se a humanidade tem, como arquétipo ou predisposição coletiva a tendência para a adoração, será muito importante, de fato, se considerar o que é o seu objeto de adoração e quais os benefícios e os malefícios decorrentes desta prática.

Do determinismo do adorar à liberdade na adoração

De um lado, observa-se indivíduos, ainda mesmo no campo da espiritualidade e da religiosidade má conduzida, realizando atos de manipulação de massa através deste princípio. Freud chamou este fenômeno de "psicologia de massa".

Esse fenômeno é visível em ambientes que vão desde igrejas até shows de rock e estádios de futebol, criando processos muitas vezes complicados de hipnose coletiva para fins escusos ou violentos. Líderes políticos podem se valer, muitas vezes, deste processo para conseguir manipular a massa atenta ao seu discurso.

Por outro lado, nas diferentes culturas, o hábito da adoração vai sendo incorporado de forma superficial, muitas vezes, nos indivíduos que frequentam ambientes religiosos. Não como ato da alma, mas como um comportamento superficial e condicionado da mente, sem criar a devida conexão com o sagrado que cada um traz em si, e nem, tampouco, com o Self coletivo, se assim pode se expressar a respeito da Divindade. Essa é a base do processo de construção psicológica da Idolatria.

Apenas um adendo: na perspectiva materialista, não existe nada além da matéria e do acaso. Então, discutir tudo isso a partir dessas premissas seria, a meu ver, além de inadequado para este contexto, uma enorme perda de tempo.

Apesar disso, não se pode esquecer que o materialismo em si pode ser entendido como uma crença, em que o Deus adorado seria a matéria e suas consequências. Essa pode ser entendida como a Doutrina do Materialismo, que gera consequências comportamentais marcadas por fortes traços de egoísmo, hedonismo, narcisismo e imediatismo, em suas matrizes arquetípicas fundamentais, projetando as suas perigosas raízes na Cultura, na Arte, na Ciência, na Filosofia e em outros campos de Atividade e Criação Humana, na medida em que o ato da adoração passa a ser voltado para a matéria e as satisfações por ela proporcionadas, decorrentes de tal ato.

A lei de adoração e a dependência química

Dentre os estudiosos da Dependência Química existem aqueles que defendem níveis de uso, abuso e dependência, a partir da quantificação e qualificação dos agravos causados pelo uso de determinada substância.

Do ponto de vista arquetípico, considero o Dependente Químico, e não o usuário ou o abusador, aquele que poderá se enquadrar no padrão que iremos delinear agora. Mas isso pode se aplicar também a outros indivíduos, em que o vício seja uma temática principal, independente de qual seja ela, a expressar-se pelas vias da Compulsão (quer alimentar, sexual, por compras, etc.).

Suspeito, nos níveis mais graves de adicção, possa ocorrer um fenômeno, próximo ao que ocorre na idolatria.

Ou seja, o indivíduo não coloca ali Deus ou algum Ente Superior. O seu altar mais profundo passa a ser preenchido simbólica e psicologicamente pela imagem da substância ou das substâncias de sua eleição.

Quando tal fenômeno ocorre, observa-se um descumprimento quase que automático dos outros mandamentos. E é esse desenvolvimento que irei apresentar a seguir. Antes, porém, de passar para o capítulo seguinte, gostaria de propor um exercício, a fim de que você possa refletir sobre o sagrado e o profano em sua vida.

EXERCÍCIO 2 – MEDITAÇÃO SOBRE O SEU ALTAR E O SEU "EU IDEAL"

Reflita sobre o seu altar, qual tem sido o motivo principal de suas adorações? Quais as formas de proteção desse altar? Quais e quantas vezes você já se viu tentado a violentá-lo? Você sabia que algumas vezes, nas igrejas, as imagens dos santos são retiradas dos altares? Sim, ou porque quebraram, ou porque ficaram velhos, ou porque vão para uma outra igreja.

Você sabia que o seu altar íntimo, na cripta do coração também pode ser modificado? Que você pode erguer um novo trono ali? Eleger novos valores a serem adorados e cultivados em sua vida? E quais seriam esses valores? Quais seriam os "mandamentos" que você vai eleger para você mesmo e que você quer passar para os seus descendentes? Os mesmos de Moisés? Outros? Quais seriam eles? E, se tiver dificuldades, permita-se imaginar no futuro, com o seu ideal de quem você quer ser daqui há 20 anos...

Pense em quem são os seus mestres, as pessoas com as quais você se identifica, e quais as características positivas dessas pessoas que você gostaria de agregar para remodelar a sua personalidade. Veja se elas podem te ajudar a escolher esses valores. As empresas também tem o seu legado, a sua missão e os seus valores. Se o seu coração fosse uma empresa, quais seriam os valores que você escolheria para ela?

Esses valores determinarão as linhas de realização de seus projetos, e é neles e que você irá se embasar para a resolução de conflitos e problemas que surgirão pelo caminho. Faça a sua tábua de 10 mandamentos. E deixe ela escrita em um local em que você possa consultar de vez em quando, ajudando você a ser uma pessoa melhor e tornando o mundo melhor.

CAPÍTULO 3

Judaísmo, "curtição" e dependência química: Entre a blasfêmia, a desonra aos ancestrais e a cultura do sábado à noite

Todo mundo espera alguma coisa,
do sábado à noite
(Cidade Negra)

O segundo mandamento e a blasfêmia

Dando continuidade ao estudo do capítulo anterior, num sentido espiritual, o segundo mandamento evoca a blasfêmia. Ou seja, apenas por atos de leviandade o indivíduo se pronuncia. Abjura. Reclama. Como um efeito em cascata, o fenômeno da blasfêmia muitas vezes acompanha o comportamento do dependente químico que deixou a droga ocupasse o seu altar, reverenciando-a como algo sagrado.

O indivíduo compromete, assim, pelo mau uso do Verbo, a credibilidade de sua palavra direcionada aos planos superiores da Vida, através de atos e expressões como: "Se Deus existe, me tira daqui". Ou "Eu não acredito mais em Deus, senão eu não estaria mais nessa posição em que me encontro". Esse tipo de expressão, sobre a qual o indivíduo parece alicerçar toda a edificação de sua fé, muitas vezes reflete um entendimento espiritual ingênuo, infantil.

Depois de ter cometido inúmeros atos contra si mesmo, de ter sido leviano com a própria integridade, de ter se colocado em vários circuitos degradantes e viciantes, o indivíduo responsabiliza Deus e requisita, de forma imediata, e muitas vezes ainda embriagado e sem a menor predisposição ao esforço próprio, que a Providência resolva todos os seus problemas.

Existe uma história muito interessante sobre a presença de Deus em nossas vidas, que gostaria de compartilhar com você, leitor(a).

Deus é que vai me salvar, eu tenho muita fé!

Conta-se que, certa feita, um agricultor, homem de muita fé, estava em situação de muita dificuldade. A sua cidade estava alagada e ele, que tinha vindo à cidade fazer algumas compras para a sua fazenda, viu-se em uma condição de extremo risco de vida.

A quantidade de chuva foi tanta que ele se viu levado ao telhado de uma pequena venda. Dali, via os cachorros nadando, pessoas se afogando e outras tentando se salvar. A situação ficava cada vez mais apavorante. Passou, então, um amigo, numa canoa, e tentou lhe chamar para subir a bordo. O agricultor, altivo, recusou, dizendo firme:

"– Não, muito obrigado, Deus irá me salvar"!

Enquanto isso, a água só ia subindo pelos muros da casa onde se encontrava. Depois de algumas horas, passou um pequeno barco, já com bombeiros que vieram de cidade maior, próximo àquele vilarejo, jogando-lhe uma corda para que tentasse saltar do telhado e vir nadando ao barco, devido à forte correnteza que envolvia aquela quase submersa vendinha.

O homem, peremptoriamente, com a certeza de que Deus, mais uma vez, não o abandonaria, recusou o auxílio, acreditando que aquela chuva em breve passaria e ele estaria em condições de retornar à sua fazendinha, sem dificuldades.

Porém, não foi isso o que ocorreu. Foi anoitecendo e a tempestade foi se agravando, helicópteros da capital já vinham em missão urgente de resgate tentar salvar os últimos membros daquela comunidade. Com dificuldades para encontrar os últimos sobreviventes, viram, por sorte, lançando luzes ao que sobrava das casas, no telhado, um homem, sentado no alto da chaminé, em preces. Tentaram fazer contato com aquele agricultor, e chegaram a lhe lançar uma escada, do helicóptero, feita de cordas. Ao que ele, orando a Deus para ser ajudado, nem sequer foi capaz de perceber.

Depois de muita insistência, e vendo outros indivíduos ali pedindo socorro, o helicóptero se afastou, e, no dia seguinte, após o término daquela forte chuvarada, o corpo do homem, já bastante inchado, foi encontrado, sem vida, próximo às árvores que beiravam o rio da cidade.

Chegando ao Céu, muito indignado, reconhecendo-se morto, o espírito daquele agricultor se viu questionando Deus e sua bondade, ao que o Senhor do Universo lhe respondeu:

" – Filho, meu filho... você rogou auxílio de inúmeras formas e com as expressões mais sinceras e orgulhosas de sua fé. Mas se esqueceu de um detalhe. Eu, o Senhor do Universo, não trabalho sozinho. Eu uso as próprias criaturas da minha Criação para serem instrumentos de Meu Sábio desígnio. A sua vaidade é que lhe matou, pois ela te deixou cego. A ajuda pode vir de vários meios, e, muitas vezes, de formas que apenas um coração humilde poderá perceber"!

Muito importante esta história no campo da recuperação em Dependência Química. O orgulho, nutrido, muitas vezes, como mecanismo de defesa, pelo dependente, o impede de ver o grande manancial de recursos que lhe são ofertados por parentes e amigos, e até mesmo profissionais voltados a esta área. E não é incomum, depois de negarem várias formas de ajuda, ainda se esconderem na vitimização, sentindo-se e dizendo-se pouco amados, etc.

A mesma água quente que amolece a batata, endurece o ovo. Muitas vezes, vemos clientes querendo culpar a vida, na forma de Deus, da família ou da sociedade como um todo, esquecendo que por mais que haja fatores externos, eles poderão influenciar de uma forma ou de outra, segundo as próprias predisposições individuais e segundo as escolhas feitas em relação a um determinado estímulo.

Por outro lado, observamos pais que, mesmo tendo oferecido quase todos os recursos disponíveis, ainda se culpam, como se não coubesse, ainda, de alguma forma, ao filho dependente, a escolha final de aceitar ou não, "a canoa, a corda, a escada" antes do encerramento trágico da própria existência. Esse desfecho infeliz, não é de fato, ficção, para muitas famílias, que veem seus filhos alcançarem a morte de forma precoce e lamentável.

A blasfêmia, muitas vezes, aparece nestas horas últimas, como uma manifestação imatura e ingrata de quem não soube perceber as inúmeras fontes de auxílio que se apresentaram, ao longo do caminho de queda. Dentre elas se vê, um conselho, um convite ao Alcoólicos Anônimos (A.A.), a chance de fazer um tratamento no setor público ou privado, a possibilidade de uma internação, do uso de medicamentos, um convite para frequentar um centro religioso, etc., e, que foram sendo sistematicamente recusados por "Adoração" à maconha, ou à cocaína, ou ao álcool, crack, etc.

Naturalmente, os níveis mais graves de adicção impedem de forma mais marcante, pelo menos num momento inicial, a procura de auxílio pelo próprio indivíduo. Em tudo, naturalmente, há gradações também.

A cultura do sábado e o terceiro mandamento

Tabela 3.1 – O sábado no universo materialista x universo espiritualista

Materialismo	Espiritualismo
Prazeres sensoriais	Prazeres espirituais
Curtir	Servir
Descansar para si	Trabalhar para Deus
Convivência superficial	Convivência profunda

Tabela 3.1 – O sábado no universo materialista x universo espiritualista (*continuação*)	
Materialismo	Espiritualismo
"Amizades" numerosas, instalação imediata, e pouco duradouras	Amizades pouco numerosas, de consolidação mais demorada, e de duração mais longa
Relacionamentos afetivos múltiplos, instáveis, lesivos e de risco	Relacionamentos afetivos únicos, estáveis, construtivos, protetivo e preventivo
Priorização da noite e da madrugada	Priorização do dia e da tarde

Este item se inicia com a Tabela 3.1. Esta tabela reflete alguns traços de comportamento que tenho observado em minha prática, predisporem o usuário de álcool e outras drogas à recaída recorrente. Trata-se do que chamo de "a cultura do sábado à noite", ou a "cultura do final de semana".

Se, por um lado, a cultura espiritualista judaica e cristã orienta usar o sábado, o sétimo dia, como um dia de cultivo dos interesses espirituais, a cultura materialista e hedonista de todos os tempos fomentou no homem o gozo materialista na hora de seu "merecido descanso".

Não deixa de ser muito curioso o fato como a cultura materialista cuida de dar ares de distração a celebrações que evocam aspectos genuinamente espirituais da cultura. Ao nascimento do Cristo, antepõe o Papai Noel, ao espírito de sacrifício em benefício do outro cultivado na Páscoa cristã, um coelhinho bonitinho e a distribuição de chocolates. E, por fim, como estou demonstrando, à faina de espiritualização a ser cultivada no Sábado, os hábitos degradantes de um final de semana difícil de ser atravessado sem algum tipo de embriaguez dos sentidos.

Não acredito que a recomendação seja específica para o sábado ou o domingo. Existe, naturalmente, uma cultura materialista impregnando a quinta e a sexta à noite. Daqui a pouco, será, talvez, possível, curtir segunda, terça, quarta à noite também.

Nada contra o prazer em si, mas essa cultura, a meu ver, que impregna a realidade juvenil da crença de que não se está aproveitando a vida se não se comportar de forma compatível com o hedonismo materialista pode ser deletéria.

Muitos jovens se sentem muito deslocados por não gostarem de sair à noite, mas, muitas vezes, se vêm coagidos, quando não obrigados, pelos próprios pais e familiares "mais velhos" – mas nem sempre, mais sábios – a este tipo de comportamento.

E é, muitas vezes, em ambientes de maior risco, que se expõe a algum tipo de substância, a certos tipos de grupo de convivência, que poderão lhe levar a um quadro de uso abusivo ou mesmo de dependência química de certas substâncias.

Além disso, o jovem pode ficar sujeito a várias formas de adoecimento e violência, pelo risco intrínseco ao local que frequenta ou às vias que os levam a tais locais. Muitos crimes ou acidentes costumam acontecer na ida ou na volta de certas "baladas".

Entrevistando inúmeros clientes ao longo destes anos de prática, fui observando, ao lhes indagar quando e como começaram, dizerem, simplesmente, "Ah, não sei, foi saindo com os amigos, influência do grupo".

Refiro-me a uma cultura da busca por prazeres não degradantes, da sexualidade bem conduzida, pelas artes, pelo estudo, pelo ensino, a convivência nas praças e em ambientes de edificação da cultura, da espiritualidade, do sentimento e do raciocínio.

Muitos poderão dizer, "mas eu trabalho no sábado". Não acredito que se deva apegar às formalidades do discurso. Usa-se o domingo. Acredito com convicção que se deva mudar a tradição de se fazer apenas um churrasco, "queimando uma carninha", pela celebração do vínculo das famílias e dos amigos, e associar momentos em que todos possam também queimar no "fogo" da manifestação criativa do espírito.

Neste sentido, a retomada da cultura dos saraus, dos filmes, das matinês, a preços acessíveis à juventude, os clubes do livro, os grupos de jovens, organizações não governamentais, grupos de teatro, música, etc., vinculados ou não a uma causa de Espiritualidade, deverão ser uma tendência no Terceiro milênio, e podem se apresentar como saudáveis mecanismos de prevenção de recaídas e proteção contra o uso de drogas e outros comportamentos de risco, visando a promoção de saúde, espiritualidade e paz, além da prevenção contra violência dentro e fora dos lares.

Porque há descansos e descansos

Outros, mais questionadores, poderão pontuar: "Mas se até Deus descansou no sábado, porque não nós também!?". Talvez este seja um argumento válido, como no caso d'Ele, quando se pensa a respeito da obra concluída. Mas quem poderá dizer que a sua própria obra está concluída? Em relação a um filho? A um parente doente? À própria sociedade? Em relação a si mesmo? Ao seu legado para a sociedade? Naturalmente que o descanso é necessário. Porém, observo, em minha prática, formas de descanso que na verdade deixam o indivíduo mais e mais cansado.

Em minha clínica diária, observo pessoas dizendo que não bebem domingo porque tem que trabalhar na segunda. Ou seja, se o beber fosse algo realmente dignificante e saudável, isso não deixaria o indivíduo tão desgastado para o trabalho no dia seguinte.

Certamente, num sentido mais profundo, acredito chegaremos no dia final de nosso descanso, mas no Descanso Final. De toda forma, não adianta passarmos a "semana da vida" toda como materialistas e julgarmos que o nosso sábado será um descanso divino. Este talvez seja um outro erro comportamental dos que "gozam a vida" durante décadas, e, ao final dos setenta ou oitenta, querem requisitar medidas milagrosas da medicina para recobrar a saúde que dispensaram durante toda uma existência. Há que se pensar a semana toda da vida para que o fim de semana seja coerente com a mesma, e vice-versa.

Uma última consideração sobre o final de semana

Tabela 3.2 – O "fim de semana" x os "dias de feira"

Dias de semana	Final de semana
Espaço-tempo cartesiano	Espaço-tempo sistêmico
Linearidade	Não-linearidade
Continuidade	Descontinuidade
Práticas rotineiras	Práticas criativas
Encontros em base programada	Encontros em base de sincronicidade

A cultura que fomenta o fim de semana como espaço de alteridade, criatividade e de expansão das características próprias do indivíduo deve ser melhor aproveitada (Tabela 3.2).

Com a predisposição de "sair da rotina", o jovem ou o dependente químico, de uma maneira geral, se confunde entre ter espaço para ser ele mesmo e precisar de alguma substância para que consiga ser ele mesmo nestes novos espaços não obrigatórios de convivência e criatividade.

Não se pode, a meu ver, abrir mão de ser criativo e autêntico. De fato, a cultura dos dias de semana é muitas vezes massacrante e aprisionadora da individualidade e das suas potencialidades criativas.

Porém, extravasar de qualquer forma no final de semana, expondo-se a inúmeros comportamentos de risco também pode ser um outro extremo a que não se deva chegar.

Muito interessante como vários namoros, casamentos, projetos, acontecem e se iniciam nos finais de semana, e não nos dias de semana. Em conversas tidas como "casuais", ou encontros "ao acaso", muitos convites são feitos, aceitos ou recusados.

Parece mesmo haver uma mágica sistêmica por traz do que acontece no final de semana, culturalmente. É quase como se isso tivesse mais peso na vida do indivíduo, quando se avalia a real significação da vida. É preciso pensar até que ponto isso deve ser restrito ao final de semana. E também, se questionar até que ponto isso deverá permanecer como crença implícita da cultura.

Parece haver uma lógica não-cartesiana regendo as festividades e celebrações no final de semana. Fica o convite aos antropólogos de orientação sistêmica para estudarem tal fenômeno. Isso reforça o final de semana como um espaço não-convencional em que muitas pessoas se sentem mais à vontade para se expressar, encontrar pessoas mais afins, em termos de ideais e ideias.

De toda forma, o comportamento de massificação do final de semana com a quina "piscina, churrasco, futebol, sexo e cerveja" pode criar a ilusão de liberdade, mas com uma escravização inconsciente a este padrão, sem que o indivíduo possa escolher outras possibilidades autenticamente criativas de se encontrar com os amigos ou se dedicar a alguma causa que realmente lhe toque realmente as fibras do coração (Arte, Poesia, Música, Política, trabalhos voluntários, Espiritualidade, etc.).

Tenho visto em nossa prática que pessoas mais conectadas com o sentido de suas vidas têm menor predisposição a cometer atos de violência, e a darem mais valor ao seu tempo livre, evitando comportamentos de risco.

Considerações sobre o honrar pai e mãe

Um grande passo que a Humanidade deve dar de forma mais madura é a valorização dos mais velhos. O Estatuto do Idoso certamente é uma grande conquista para esta população, que, resume, em seus quadros, o grupo de pais e mães de toda a geração considerada "economicamente produtiva". Do ponto de vista de prevenção, acredito que a leitura do estatuto do idoso e da criança deverá ser mais incentivada, e, se possível, mais comentada em família.

Vejo pessoas, no caso, pacientes com o problema da dependência química, inclusive, com dificuldades imensas de desenvolver na vida porque se encontram ainda muito ligadas aos pais de forma muito inconsciente. Existem, certamente, os casos de apego e mimos por parte dos pais, que pela via da superproteção, prejudicam o natural desenvolvimento dos filhos.

Mas existem também os casos em que os (as) filhos (as) discriminam os pais, e negando-os, negam a si mesmos. Observo, em muitos casos, que, enquanto não há inclusão dos ancestrais na cripta do coração, o desenvolvimento na vida por parte dos filhos não se dá de forma ampla.

A Vida, numa perspectiva sistêmica, parece não permitir que ninguém seja excluído, e todas as vezes que tendemos a produzir a Exclusão como sintoma de nosso Egoísmo, de nosso Orgulho, ou de nossa Ignorância, a vida tende a incluir de forma forçada aquilo que é negado em nossa própria realidade, entre os próprios descendentes.

Observam-se famílias que excluem algum irmão, ou pai etilista, ter, entre seus filhos ou netos, alguém que reedita este drama em novas configurações (drogas, sexolatria, etc). Pais muito ortodoxos, que falam muito da vida dos outros, observam seus filhos em condutas não aprovadas socialmente, tais como gravidez na adolescência, uso de drogas, escolhas sexuais discriminadas por parte da cultura; pais sovinas recebendo netos e filhos dissipadores, etc.

Parece que tais processos extrapolam os mecanismos cartesianos da genética, remontando a aspectos mais psicológicos da herança mental, quando não, a mecanismos inconscientes de compensação pela via do inconsciente coletivo ou ainda a entrelaçamentos mais profundos que podem envolver variáveis que ultrapassam as aparentes barreiras do berço e do túmulo.

De toda forma, o indivíduo que sofre pelo transtorno da dependência química pode sempre escolher, pelo caminho escuro ou de sua própria redenção ou recuperação.

Se optar por descer a ladeira, a "cascata da queda" vai se consolidando. O indivíduo vai se enredando numa sequência de mentiras, comportamentos ingratos e de risco, ficando cada vez mais vulnerável, na medida em que vai procurando ambientes cada vez mais degradantes e que aumentem a chance de ter suas recaídas.

A seguir, traremos o estudo dos outros mandamentos, com ênfase na interface entre a Dependência Química e a Violência e o que medidas que podem ser tomadas para preveni-la. Serão tecidas considerações sobre o descumprimento dos mandamentos seguintes, bem como reflexões a respeito da educação mental e espiritual, como proposta de promoção de saúde e paz para as próximas gerações. Resta-nos, também, falar um pouco mais sobre os aspectos do "não matar", "não roubar" e "não cobiçar" nem as coisas e nem a mulher do próximo.

EXERCÍCIO 3 – O LIXO TAMBÉM É RECICLÁVEL

Reflita sobre os hábitos que você tem durante a semana e o final de semana que você considera já estejam no ponto de serem modificados. Além disso, liste aqueles que, em 6 meses você estará disposto a mudar.

Aproveite também este momento para se imaginar olhando nos olhos de seus pais e agradecendo pela vida. Talvez eles não estejam vivos, talvez você não os tenha conhecido. Eles podem ter lhe abandonado, mas, pelo menos, lhe deram a vida. Talvez você não tenha clareza dos sentimentos em seu coração para poder olhar nos olhos deles e agradecer. Aproveite e descubra quais são as mágoas e ressentimentos que possam estar impedindo você de olhar nos olhos de seus familiares. E imagine-se conseguindo superar essas dificuldades, curando destas feridas e cicatrizando-as, protegidamente, seguramente, no seu tempo. Esse momento pode ser importante para alcançar o objetivo, mas também pode ser importante por lhe mostrar qual o caminho você deve percorrer em relação a seus ancestrais, para limpar o seu coração de qualquer ressentimento. Aproveite esse momento. Desfrute. Isso poderá lhe trazer soluções de muita paz para o coração.

CAPÍTULO 4

Judaísmo, a violência e a dependência química: Entre a cobiça, o roubo e a morte

Nós devemos às nossas crianças – os cidadãos mais vulneráveis em qualquer sociedade – uma vida livre de violência e medo. A fim de assegurar isto, devemos manter-nos incansáveis em nossos esforços não apenas para alcançar a paz, a justiça e a prosperidade para os países, mas também para as comunidades e membros da mesma família. Devemos dirigir nossa atenção para as raízes da violência. Somente assim, transformaremos o legado do século passado de um fardo opressor em um aviso de alerta.

Nelson Mandela

Introdução

Considerando que os 10 mandamentos já foram expostos nos dois capítulos anteriores, já darei início às nossas reflexões sobre os restantes sem citá-los novamente. A leitura dos dois capítulos anteriores será importante para a melhor compreensão da leitura do presente texto.

A psiquiatria e a violência

Por muitos considerado o "Pai da Criminologia", César Lombroso (Figura 4.1) foi um psiquiatra italiano nascido no século XIX e mundialmente conhecido pelos seus estudos sobre ***caracterologia,*** ou seja, da correlação entre as características mentais e físicas de um criminoso e o seu comportamento. Suas ideias receberam forte influência dos estudos de Darwim, e do Positivismo, e para ele os pesquisadores deveriam dar atenção ao estudo científico da mente criminosa, um campo que ficou conhecido como Antropologia Criminal.

Ele chamou de "estigmas" as características físicas que poderiam apontar para um comportamento criminoso, e levantou, a partir das centenas de necropsias que ele realizou, a hipótese, por exemplo, de que o tamanho de crânio e mandíbula, prega palmar única, assimetrias na face, poderiam revelar uma tendência inata de indivíduos sociopatas a um comportamento criminoso. Tais estigmas, para ele, poderiam ser evidências de um "atavismo", ou seja, a "reaparição de características que foram apresentadas somente em ascendentes distantes" de tipo hereditário, remanescentes de um estágio mais primitivo da evolução humana. Suas ideias acabaram sendo consideradas inconsistentes e as teorias de causa ambiental sobre a origem da violência e do comportamento sociopata acabaram prevalecendo após a sua contribuição.

Isso já mostra uma aproximação entre a psiquiatria e o estudo da agressividade, da violência e do comportamento belicoso. Tal aproximação foi possível de ser sentida por mim na pele, em um caso que quero compartilhar com o(a) leitor(a) a seguir.

Figura 4.1 – Cesare Lombroso: O Pai da Criminologia

Fonte: <https://pt.wikipedia.org/wiki/Cesare_Lombroso>.

A violência cotidiana – um relato pessoal

Certa vez, comemorando o encerramento do ano letivo de um de meus filhos, no jardim de infância, em uma pizzaria, passei por uma situação inusitada, que o(a) leitor(a) poderá reconhecer como um episódio que possa ter ocorrido consigo ou com algum conhecido.

Estávamos tranquilamente assentados à mesa, eu e minha esposa, com um casal de amigos, quando um "brutamontes", que estava sozinho com duas crianças na mesa próxima, se levantou e veio tirar satisfações comigo.

Sem me encostar, mantendo-se do outro lado da mesa, ele armou um discurso mais ou menos assim:

"O seu filho bateu no meu filho (...) E eu não vou agredir o seu filho por isso, mas da PRÓXIMA VEZ, eu vou resolver isso com você (...) Isso não vai ser com sua esposa nem com seu filho, mas se seu filho bater de novo em meu filho, sou eu que vou bater em você".

Diante do fato, meu filho, que estava próximo à mesa, em pé, junto com minha outra filha, entrou na conversa em minha defesa e em defesa deles mesmos, dizendo algo do tipo: "Pai, não fui eu não, foi o fulano"... apontando para um outro menino que já estava se direcionando para a mesa de seu pai, em prantos.

Perguntei, com certa calma, para meu filho se ele de fato tinha batido no outro menino. Ele afirmou peremptoriamente que não, mostrando que foi o outro. Além disso, minha filha, reforçava o fato, dizendo que eu, nem ela, e nem o seu irmão, nada tínhamos a ver com o fato.

Antes que eu pudesse me dirigir ao meu agressor, minha esposa interveio e falou: "não vê!? Não está ouvindo!?" O meu filho é pacífico, e ele está dizendo que nada fez com seu filho"!

Ao que o rapaz respondeu: "Mas EU VI"! E mudando completamente o tom da conversa, dirigiu-se à minha esposa e falou: "Minha senhora, me desculpe, peço que faça silêncio, a conversa aqui é com o seu marido". E ela, sem "obedecer-lhe" – pois acredito não estava pensando em fazê-lo, embora fosse este o tom implícito de seu pedido – começou a dizer que o próprio menino estava falando que não tinha sido ele, e depois se calou, vendo que o rapaz estava mais disposto a ser ouvido do que ouvir...

Então, o pai da criança supostamente agredida pelo meu filho, chamou-me para a briga, e um amigo, inclusive psicólogo, mais franzino e mais velho do que eu, usando mais ou menos os seguintes termos: "se quiser, pode vir os dois que eu dou conta". Ao que meu colega olhou para mim e começou a fazer uma cara de desprezo como a dizer, "não liga não, deixa ele falar, isso não vale a pena", etc.

Para arrematar a primeira parte da cena, pois realmente foi isso que me pareceu, uma cena de teatro, ensaiada mentalmente várias vezes por ele, aguardando apenas uma pequena ocasião para o grande ato, pois me senti ali um MERO OBJETO na mão de um sujeito tomado pela ira, mas, também, sobretudo, pelos seus processos inconscientes, ele me disse, em tom ameaçador: "você não sabe o que eu sou capaz, você não sabe de onde eu vim e nem o que eu já passei". Pronto.

Ali, para mim, como psiquiatra, atendendo centenas de pessoas por mês, começou a vir um discurso de justificação para a sua dor e seu comportamento, que eu, naturalmente, não iria me aventurar a investigar mais, pelo menos não naquele contexto. Certamente não era a hora do famoso, "me fale mais sobre isso". Mas também não era hora de interromper. Percebi que ele queria alguém que testemunhasse a sua própria dor, de alguma forma expressa através daquele descarrego de energias aparentemente violentas e altamente ameaçadoras.

Depois de sair da nossa mesa, com um tom aparentemente de "vitória" (e por que não dizer também de impunidade, pois ali seria cabível, posteriormente registro de boletim de ocorrência para danos morais, ameaça à integridade física, etc.), o que mais nos chamou a atenção, apesar de toda a característica traumatizante deste episódio, foi a conversa que em alto e bom tom o pai mantinha com o filho supostamente machucado ali, após a ameaça verbal, que ele havia proferido em nossa mesa, contra nós.

Ele dizia ao filho mais novo, enquanto a outra filha, mais velha, já em prantos, lhe pedia para ir embora: "Filho, quando é assim a gente não bate, a gente extermina". E saiu, após pagar a conta, dizendo ao filho – a meu ver de forma muito irônica – enquanto passava ao lado de nossa mesa, "sai de cabeça baixa filho, saia de cabeça baixa". E foi-se embora, e, pelo menos até hoje, não tive a chance de reencontrá-lo, pelo menos para nos conhecermos ou conversarmos melhor sobre o ocorrido, apaziguando, de alguma forma, esta situação e esclarecendo, de maneira mais civilizada, os fatos daquela noite.

Um fato curioso foi, e quase anedótico, a escolha deste restaurante. Eu e minha esposa chegamos a parar na porta de um outro local e optamos por um "ambiente mais familiar", onde os nossos filhos pudessem brincar mais à vontade. Ironias do destino.

Poderia ter saído morto de lá, carregado, abatido, preso, etc. Mas saí andando, graças ao bom Deus, sem maiores sequelas, a não ser as emocionais, que eu e minha esposa fomos abordando ao longo do caminho junto com nossos filhos, no trajeto para nossa casa e também alguns dias após o fato, refletindo sobre a importância do equilíbrio emocional nas situações mais desafiadoras e inesperadas... Algumas das reflexões que tivemos, compartilharei a seguir com você, leitor(a). Para completar, vale acrescentar que estávamos iniciando a preparação de um seminário sobre formas de comunicação não violenta, para os nossos pacientes.

Destrinchando a violência e seus contextos múltiplos

Para você que deve ter acompanhado e desenhado mentalmente a situação acima, naturalmente vários sentimentos devem ter sido suscitados em seu íntimo, bem como pensamentos e comportamentos que você teria, leitor(a), em meu lugar.

Muitos de nós partimos do que achamos certo, e nossas CRENÇAS sobre o que é bom muitas vezes motivam o que fazemos em momentos de crise, em que o tempo entre a ação, ou melhor, a reação e o que pensamos é quase centesimal.

O que estou disposto a destrinchar, junto com você, usando o caso acima, são as crenças motivadoras que possam estar por detrás dos atos de violência. E desarmando esta arapuca mental, espero, através dos dados que irei trazer, embasar as nossas reflexões, motivando as todas as pessoas a refletirem mais sobre os seus comportamentos, que muitas vezes assumem o caráter de verdadeiros clichês, eternizando padrões milenares, machistas, preconceituosos, e por isso, mesmo, violentos de comportamento.

Será importante dizer que coletivamente, estes clichês são um dos fatores que prejudicam fortemente a nossa evolução coletiva para um estado de humanidade mais harmônico e pacífico. Pois nem sempre situações como estas terminam bem, sem mortos ou feridos, pelo menos emocionalmente.

Violência: aspectos estatísticos e conceituais

A Organização Mundial da Saúde (OMS) define a violência como "o uso de força física ou poder, em ameaça ou na prática, contra si próprio, outra pessoa ou contra um grupo ou comunidade que resulte ou possa resultar em sofrimento, morte, dano psicológico, desenvolvimento prejudicado ou privação".

Segundo relatório dessa organização (1996), a violência pode ser dividida em 3 amplas categorias: a) violência autodirigida; b) violência interpessoal; c) violência coletiva.

A Violência autoinfligida pode ser subdivida em comportamento suicida e agressão autoinfligida. O primeiro inclui pensamentos, tentativas e o ato suicida propriamente dito, enquanto que as automutilações estariam incluídas no segundo grupo.

A Violência interpessoal, por sua vez, também se subdivide em duas categorias. A primeira, chamada "Violência de família e de parceiros íntimos", onde se incluem o abuso sexual infantil e os maus tratos com idosos. Já a segunda é a "Violência na comunidade", que, em geral, ocorre fora dos lares. Neste grupo incluem-se os atos de violência da juventude, estupros ou ataques sexuais por desconhecidos, atos variados de violência e violência em instituições como escolas, locais de trabalho, prisões e asilos. O caso por mim apresentado acima, se enquadraria aqui neste quesito.

A Terceira grande categoria é a "Violência Coletiva", que se subdivide em violência social, política e econômica. Elas incluem, por exemplo, no aspecto social, os atos terroristas e crimes praticados com forte sentimento arraigado de ódio por grupos organizados. Na perspectiva política, estariam incluídos as guerras e os chamados atos violentos de Estado. E os ataques por grandes grupos motivados por lucro econômico podem ser um tipo de violência econômica, de acordo com a classificação acima.

Em pesquisa bibliográfica que fiz recentemente, busca de artigos de revisão sobre a interface entre a violência e a espiritualidade, encontrei maior número de artigos em que a espiritualidade está sendo utilizada como recurso de apaziguamento no pós-trauma. Pouco encontramos sobre seu uso do ponto de vista profilático, que se tornou a proposta desta obra, inclusive.

Com relação à natureza dos atos violentos, eles podem ser classificados em 4 classes.

1) Violência Física
2) Violência Sexual
3) Violência Psicológica
4) Violência relacionada à privação e/ou ao abandono.

Dados, ainda da OMS, em seu Relatório mundial sobre Violência e Saúde (2002), constatam que a questão da Violência e seu impacto como um problema de Saúde Pública oferecem alguns esclarecimentos significativos.

Mais de 1,5 milhão de pessoas no mundo morrem, anualmente, devido à episódios de violência auto infligida, interpessoal ou coletiva. Além disso, de forma geral, a violência está, no mundo todo, entre as principais causas de morte entre pessoas de 15 e 45 anos, e com nítido predomínio nos países subdesenvolvidos em relação aos países mais desenvolvidos, numa perspectiva socioeconômica. (Tabela 4.1)

Naturalmente, estima-se que o custo da violência se traduza em bilhões de dólares americanos por ano, com assistência à saúde, além das perdas que podem ser computadas em dias de trabalho perdidos, investimentos não realizados e gastos com despesas jurídicas.

Há países em que algumas formas de violência predominam sobre as outras. Segundo Guerra (LANCET, 1994), os Estados Unidos possuíam uma taxa de homicídio 4 vezes maior que a Escócia, e 40 vezes maior que o Japão, país que possuía, à época, a menor taxa do estudo.

Tabela 4.1 – Estimativa Global de Mortes Relacionadas com violência (OMS, 2000) Adaptado

Tipo de violência	Número aproximado
Homicídio	520.000
Suicídio	815.000
Relacionamentos com guerra	310.000
TOTAL	1.659.000
Países de renda baixa e média	1.510.000
Países de renda alta	149.000

Não matar, não roubar e não adulterar: seriam esses problemas importantes na sociedade atual?

Qual a origem da violência interpessoal? Quais as suas fontes? Seriam causas genéticas, psicológicas, sociais, ambientais? Quais seriam os seus fatores de risco? Estas são algumas questões que o mundo científico tem tentado responder, e chegado a alguns resultados bastante surpreendentes.

Fatores como má nutrição, trauma encefálico devido a agressão na infância e genética são fatores que tem sido levantado como de risco para o comportamento violento, associados a questões ambientais. Porém, tais fatores, de certo modo, estão além do controle de um indivíduo. Ela já nasce, de certa forma, sujeito a estas circunstâncias. Mas existem fatores que envolvem aspectos que passam pelo livre-arbítrio do indivíduo.

Estudos sobre violência e criminalidade, incluindo pesquisas ao longo da vida com gêmeos, apontam para uma influência estimada de aproximadamente 50% da genética sobre o comportamento violento, enquanto que os outros 50% tem sido atribuído a fatores ambientais.

De um ponto de vista antropológico e genético, levanta-se a hipótese de que ser violento, evolutivamente, não deixa de ser uma expressão de poder. O poder, por sua vez, teria maior condição de atrair fêmeas e com isso, garantir, por parte do macho, a herança de seus genes e a sua sobrevivência ao longo das gerações.

E por parte das fêmeas, o sentido de segurança e proteção para a criação de sua prole. Isso encontra subsídio, por exemplo, na tese do gene egoísta, de Richard Dawkings. Essa capacidade do organismo de passar para frente o seu material genético tem sido denominada de *aptidão.*

Ser violento, de certa forma, pode prevenir contra outras agressões. Isso pode ser observado desde o comportamento de um indivíduo dentro da prisão, como na escola, quando o menino brigão passa a ser menos importunado por ter a fama de violento. No mundo animal isso fica claro no comportamento de várias espécies, desde os cachorros disputando a fêmea para acasalar, até os leões brigando entre si, disputando uma fêmea e matando os filhotes do derrotado após aquela vitória.

Há relatos, tanto pelos meus pacientes, quanto em descrições feitas por criminosos, de vivências de grande tensão associada aos momentos anteriores a um determinado crime. Em tais relatos comentam que é como "se estivessem sob algum tipo de pressão", com predomínio de sintomas autonômicos, tais como sudorese, taquicardia, estados de vigilância e que culminam com o alívio apenas após a realização total ou parcial do ato violento contra si ou contra o outro. Haveria alguma questão espiritual aqui neste contexto passível de ser investigada além dos aspectos da ansiedade e sua neurofisiologia?

Além disso, numa perspectiva neurobiológica, de acordo com a divisão do cérebro em 3 níveis, por Paul Maclean, poderíamos suspeitar, se arquetipicamente, não se encontraria uma correlação possível entre os transtornos mentais e o comportamento violento (Figura 4.2).

Figura 4.2 – Um modelo arquetípico entre a psicanálise e a neurobiologia para a compreensão dos transtornos mentais

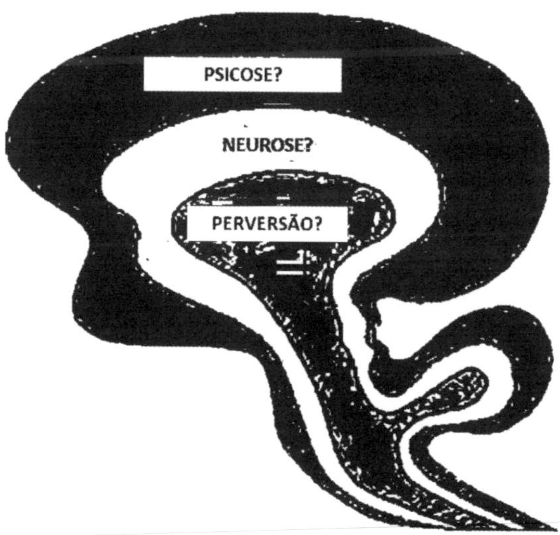

Fonte: <http://www.egrupos.net/grupo/ascensional/archivo/indice/469/msg/502/>. Acesso em 20 de outubro de 2015 - Modificado.

Nessa perspectiva, os *sociopatas* estariam vivendo mais atrelados ao cérebro reptiliano, ligado às disfunções dos componentes de sobrevivência e prazer; os neuróticos, por sua vez, estariam a manifestar os seus sintomas agressivos (em relação a si ou a terceiros), devido às disfuncionalidades apresentadas predominantemente em seu cérebro emocional, envolvidos com o gerenciamento do sistema límbico; e, por fim, os psicóticos, sofrendo com as manifestações cognitivas disfuncionais atreladas ao néocortex – substrato para as manifestações mais elevada do pensamento – que, neste grupo, estaria fragmentada e comprometida.

Há relatos também de frieza emocional associado ao uso de determinadas drogas, como a cocaína, por exemplo, em que o indivíduo "congela" as emoções e fica mais sujeito a cometer atos sem se sensibilizar tanto como se sensibilizaria se não estivesse sob o efeito da droga, conhecida como a "síndrome do *superman*". Questões para se refletir.

Violência, criminalidade e transtornos mentais: fronteiras sutis?

Segundo um estudo publicado, já há algum tempo, na revista Science (2000), nos traz dados reveladores, que "cerca de 76% dos homens "normais" já tiveram pelo menos uma fantasia homicida. Para as mulheres, consideradas normais, a taxa fica em torno de 62%. Isso demonstra como pode ser tênue a fronteira entre o normal e o patológico quando se trata do tema da violência.

Ao contrário do senso comum que muitas vezes associa a presença de transtorno mental com comportamento violento, a violência, muitas vezes se correlaciona com o transtorno mental situando os seus portadores mais como vítimas do que como agressores.

As evidências disponíveis aproximam as taxas de violência entre portadores e não portadores de transtornos mentais, com exceção do consumo de substâncias e alguns subtipos de transtorno de personalidade, como o subtipo *borderline* e o antissocial. Os níveis de incidência de comportamento violento aumentam quando há mistura de qualquer tipo de transtornos com o uso de substâncias psicoativas.

No caso do álcool, o aumento das taxas de comportamento violento é respaldado por evidências bastante consistentes, embora não se possa atribuir a explicação como sendo o álcool o único agente causal. Outros fatores genéticos, de personalidade – como impulsividade, baixo limiar a frustração – e ambientais estariam associados à etiologia multifatorial deste problema, como já demonstrado acima através da descrição dos fatores de risco associados ao problema.

No Brasil, apenas para se ter uma ideia, pesquisadores do setor de emergências clínicas da Universidade de São Paulo (USP) relataram que o álcool está envolvido em: 86% dos Homicídios; 60% das agressões sexuais; 57% das agressões familiares; 64% dos incêndios e queimaduras; 50% das mortes do transito; 20% dos suicídios "bem-sucedidos", de acordo com a amostra por eles estudada.

De um ponto de vista da criminalidade, o psicopata pode apresentar distorções cognitivas que nem sempre justificam as motivações convencionais para lutar, vencer e mentir em nome da sobrevivência e da preservação de seus genes.

Por agir, de certa forma, de maneira descontextualizada diante das lutas da vida, eles começam a apresentar algumas características de comportamento, que, de acordo com os estudos, marcam o traço de sua existência nômade. Isso, porque, na luta pelos recursos, quando fazem isso de forma destituída de um sentido claro, acabam por ser descobertos, e precisam ir mudando de cidade, emprego, apresentando planos de curto prazo, rompimentos frequentes de relacionamentos e característica de estilo de vida parasitário, a fim de buscarem outras vítimas para os seus golpes, que vão desde o estelionato, até os crimes mais revestidos de crueldade dos matadores seriais, conhecidos como "*serial killers*".

Os psicopatas, ainda, tendem a apresentar, charme superficial, falta de consciência, habilidade verbal elevada, promiscuidade e falta de ligação interpessoal de longo prazo.

Violência e criminalidade atual: seriam os 10 mandamentos um alerta milenar contra os crimes humanos?

No Brasil, segundo dados do Sistema Prisional Brasileiro, fornecidos pelo Ministério da Justiça, houve um crescimento das taxas de prisões tanto em homens quanto em mulheres, entre os períodos de 2005 a 2009. Enquanto a taxa de homens presos registrada foi de 342 mil aproximadamente, em 2005, este número subiu para 442 mil em 2009 (Tabela 4.2).

Entre as mulheres, o número cresceu de aproximadamente 20 mil em 2005 para 31 mil mulheres presas em 2009. Em ambos os sexos, o perfil de escolaridade predominante no grupo dos encarcerados foi o de Fundamental incompleto (aproximadamente 178 mil dos 432 mil presos. Um percentual próximo de 40% do público estudado).

Dentre os homens, encontramos quanto à tipificação, com ano de referência de 2009, alguns dados, embora aproximados, devido ao viés de registro nas unidades federadas, muito emblemáticos:

Tabela 4.2 – Dados do sistema prisional brasileiro – Sexo Masculino Fonte: Ministério da Justiça (2009). Adaptado.
Roubo: 29% (113 mil indivíduos)
Entorpecentes: 28% (78 mil indivíduos)
Furto: 16 % (62 mil indivíduos)
Homicídios: 12% (49 mil indivíduos)
Desarmamento: 6% (22 mil indivíduos)
Costumes: 5% (17 mil indivíduos)
Latrocínio: 3% (13 mil indivíduos)
Estelionato: 1% (5 mil indivíduos)

Não se sabe ao certo até que ponto a religião é capaz de influenciar sobre a manifestação de comportamentos violentos, mas, ao observar no grupo Masculino, se a recomendação de "Não Matar" fosse devidamente seguida, possivelmente 49 mil indivíduos não estariam presos, e talvez o mesmo número ou mais, não estariam mortos. Se a recomendação de "Não Roubar", decorrente, inclusive, de se descumprir o "Não cobiçar a mulher ou as coisas do próximo", possivelmente quase 200 mil homens não estivessem presos, e o mesmo ou maior número não estivessem mortos ou se sentindo lesados em seu patrimônio financeiro, emocional, familiar, profissional, social, ou quiçá, atém mesmo espiritual.

Naturalmente que há os casos não notificados, que não culminam com morte, mas existem as lesões associadas aos aspectos psicológicos, sociais e subjetivos, possivelmente muito mais impactantes e difíceis de medir.

Recentemente assisti a uma reportagem que falava que hackers conseguiram quebrar os códigos de segurança de um site que propunha relacionamentos extraconjugais e divulgaram esta lista na INTERNET. Um dos envolvidos era um pastor protestante que, segundo a reportagem, teria cometido suicídio depois de ter tido a sua identidade revelada. Ele não teria dado conta, segundo constou no relato, de ter a dignidade de sua família e a sua ferida pelo seu comportamento incoerente em relação às crenças que manifestava.

Nesse sentido não matar inclui não matar ninguém, inclusive a si mesmo.

Por isso gostaria de aproveitar este ensejo para fazer uma campanha de prevenção ao suicídio, que seria, então o não matar aplicado ao próprio indivíduo. Você, leitor(a), tem ideia do impacto do suicídio em nossa sociedade? Se não, sugiro que continue esta leitura.

A violência autoinfligida: medidas preventivas

De um ponto de vista de risco para a própria saúde, ou seja, de periculosidade e insalubridade, o trabalho na urgência em psiquiatria muito me ensinou ao longo desses anos.

Aprendemos, com a prática, a manejar situações complexas e, o ponto de vista de determinar a internação de alguém, sem o seu consentimento, os principais critérios que balizam esta decisão é a avaliação iminente de risco para si, para terceiros, atrelado ao prejuízo de sua crítica para determinar-se naquele momento.

Na minha prática, de forma indiscutível, a questão do autoextermínio, na amostra de pacientes atendidos por mim nos serviços de emergência psiquiátrica ao longo dos anos, está muito mais presente do que a predisposição iminente para cometer algum ato violento contra um terceiro, embora ela não seja também desprezível.

Alguns dados sobre o suicídio (ABP):

- No mundo, estima-se que a cada 40 segundos alguém cometa suicídio sendo mais de um milhão de mortes diagnosticadas por esta causa em todo o planeta.
- A **cada três segundos uma pessoa atenta** contra a própria vida.
- As taxas de suicídio vêm aumentando globalmente. Estima-se que **até 2020 poderá ocorrer um incremento de 50%** na incidência anual de mortes por suicídio em todo o mundo, sendo que o número de vidas perdidas desta forma, **a cada ano, ultrapassa** o número de mortes decorrentes **de homicídio e guerra combinados**.
- Além disso, cada suicídio tem um sério impacto na vida de pelo menos outras **seis pessoas**.
- Apenas no Brasil, a cada ano, em torno de 10 mil pessoas morrem pelas vias do suicídio.
- O Brasil é o oitavo país em número absoluto de suicídios.
- Em 2012 foram registradas 11.821 mortes, cerca de 30 por dia, sendo 9.198 homens e 2.623 mulheres.
- Entre 2000 e 2012, houve um aumento de 10,4% na quantidade de mortes, sendo observado um aumento de mais de 30% em jovens.

Certamente, é nosso papel ajudar a esclarecer sobre este tema, visando a prevenção em relação a este trágico desfecho para o indivíduo, seus familiares e a sociedade como um todo.

Na cartilha recentemente editada pela Associação Brasileira de Psiquiatria, junto a outras fontes consultadas, encontram-se algumas orientações bastante relevantes sobre o tema do suicídio, dentre eles, os a) Fatores de risco; b) os fatores de proteção e; c) os mitos e verdades a respeito do tema.

Fatores de risco para o suicídio

Dentre os principais fatores de risco para o suicídio, elencam-se quatro: 1) Doença Mental; 2) Aspectos sociais; 3) Aspectos psicológicos; 4) Condições de saúde limitantes.

Doença mental: presença de transtornos mentais tais como: Depressão; Transtorno bipolar; Transtornos mentais relacionados ao uso de álcool e outras substâncias; Transtornos de personalidade e Esquizofrenia.

Vale destacar que há um aumento do risco com associação de doenças mentais. Por exemplo, um paciente bipolar que também seja dependente de álcool terá risco maior do que se ele não tivesse essa dependência.

Aspectos sociais: Gênero masculino; Idade entre 15 e 30 anos e acima de 65 anos; sem filhos; moradores de áreas urbanas; desempregados ou aposentados; isolamento social; solteiros, separados ou viúvos; e populações especiais: indígenas, adolescentes e moradores de rua.

Aspectos psicológicos: Perdas recentes; pouca resiliência; personalidade impulsiva, agressiva ou de humor instável; ter sofrido abuso físico ou sexual na infância; desesperança, desespero e desamparo.

Condição de saúde limitante: Doenças orgânicas incapacitantes; dor crônica; doenças neurológicas (epilepsia, Parkinson, Hungtinton); trauma medular; tumores malignos; AIDS.

Neste sentido, prezado(a) leitor(a), caso você se encontre em um desses grupos ou conheça alguém que esteja e também esteja pensando em se matar, oriento que procure ajuda imediatamente, deixando a leitura deste volume para um outro momento!

Fatores de proteção

Dentre os fatores de proteção, embora sejam menos estudados e apresentem dados também menos consistentes, estão:

Autoestima elevada; bom suporte familiar; laços sociais bem estabelecidos com família e amigos; religiosidade independente da afiliação religiosa e razão para viver; ausência de doença mental; estar empregado; ter crianças em casa; senso de responsabilidade com a família; gravidez desejada e planejada; capacidade de adaptação positiva; capacidade de resolução de problemas e relação terapêutica positiva, além de acesso a serviços e cuidados de saúde mental.

Desta forma demos maior ênfase a esse assunto do suicídio na medida em que a consistência dessas informações poderá ajudar aos(as) leitores(as) deste volume, auxiliando a todos na percepção da importância de se estar atento aos próprios sintomas e das pessoas ao seu redor, para que possam ser instrumentos de auxílio ou mesmo de serem devidamente auxiliados neste sentido.

Os estudos, como demostrado acima, são muito consistentes em afirmar o a relação protetora da religião em relação ao comportamento suicida, dado que coincide com o uso de álcool e outras drogas. E, muitas vezes, o consumo indiscriminado de álcool e outras drogas, não deixa de ser uma forma de se matar, indiretamente, devagarinho, além de o álcool, como demonstrarmos acima, ser um dos ingredientes presentes nas formas reconhecidas como "bem-sucedidas" de se matar a si mesmo.

Em busca da prevenção à violência

Durante muito tempo acreditou-se que certas doenças eram manifestações da ira dos deuses, e que pouco restaria ao homem a não ser sofrer resignadamente diante desses males, como forma de expiação e redenção de pecados.

A ciência, associada a ações de saúde, política e economia, conseguiu, diante dos esforços de inúmeros pesquisadores, encontrar muitas soluções para tais problemas, trazendo melhorias para a vida das pessoas. Porém, a despeito das melhorias, muitas outras doenças vão surgindo apontando para uma causa subjacente, comportamental, oculta.

No caso da violência, penso que ela também pode ser evitada, assim como, as suas consequências, reduzidas. De acordo com a OMS isso é viável "da mesma forma que a saúde pública conseguiu prevenir e reduzir, em todo o mundo, as complicações relacionadas à gravidez, aos ferimentos em locais de trabalho, às doenças contagiosas e enfermidades causadas por alimentos e água contaminados". E ela, ainda, acrescenta: "É possível prevenir a violência. Esta afirmação não é um artigo de fé, mas baseada em evidências constatadas a partir de exemplos de sucesso em todo o mundo, desde ações individuais e comunitárias de pequena escala até políticas nacionais e iniciativas do legislativo".

Dentre as formas de prevenção à violência, citam-se duas.

A primeira, cuja indicação vem sendo feita pelos pesquisadores em prevenção à violência, que se manifesta em três níveis: as intervenções universais, as intervenções selecionadas e as intervenções indicadas.

Segundo essa perspectiva, *as intervenções universais* estariam voltadas a grupos ou à população em geral, sem considerar um fator de risco individual, como o uso de drogas, maior exposição às armas de fogo, etc. Medidas gerais em escolas, ou mesmo esse livro são um exemplo desse tipo de iniciativa. As *intervenções selecionadas*, por sua vez, são aquelas voltadas a um grupo com mais alto risco de se expor a algum tipo de violência; e, por fim, as *intervenções direcionadas* são voltadas àquelas pessoas que já demonstraram comportamento violento, como os tratamentos voltados para agressores de violência doméstica, por exemplo.

A segunda forma, numa perspectiva mais tradicional e conhecida de saúde pública seria dividir a abordagem em três níveis de prevenção, a saber: primária, secundária e terciária.

A *prevenção primária* inclui abordagens que visam prevenir a violência antes de sua ocorrência. A *secundária*, por sua vez, voltada para medidas mais imediatas em relação à violência, como cuidados médicos que envolvem os serviços de emergência e abordagens às doenças sexualmente transmissíveis em vítimas de estupro, por exemplo, e a *terciária*, que focaliza cuidados de mais de longo prazo para a violência com medidas de reabilitação e reintegração social, além de esforços para diminuir o impacto do trauma e as deficiências prolongadas ligadas ao episódio violento, por exemplo.

Reflexões sobre as consequências da "desobediência espiritual"

Quantos atos homicidas não começam pelo desejo? Quantos, pelo ódio? Quantos se dão pela ignorância moral e espiritual? Quantos poderiam ser evitados se os homens e as mulheres educassem seus filhos para saberem administrar melhor os seus desejos? E também as frustrações em relação aos desejos não satisfeitos? Quantos estupros poderiam ser evitados? Quantos crimes da intimidade sexual do lar?

Quantos abusos a crianças e jovens? Até que ponto a cultura do consumo é promotora de saúde? Até que ponto esta cultura não oprime ao invés de promover? São questões para se pensar sobre o velho embate dualista entre o Ter e o Ser.

Quantas vezes o desejo mal contido é a causa de divórcios e outros crimes? Quantas vezes estas novas configurações familiares não promovem a violência ao invés de promoverem a saúde dos filhos? Estudos apontam para o crescimento das taxas de divórcios entre as famílias.

Estariam, de alguma forma, estas novas configurações familiares favorecendo ao aumento da violência na sociedade? Até que ponto o uso de álcool e drogas não está presente nestes contextos como deflagrador, agravante ou propulsor do esfacelamento das relações sociais mais íntimas?

Nos Estados Unidos aproximadamente 1,5 milhões de crianças por ano passam pela experiência do divórcio parental. No Brasil, segundo as pesquisadoras Soraya Maria e Vera Regina, o IBGE constatou que em 2005, foram registrados 717.650 casamentos e 150.714 divórcios.

Neste mesmo ano, o registro total de filhos de casais envolvidos em divórcios somou 227.580. Como ocorrem estes divórcios em sua maioria? São pacíficos, ou com fortes traços de violência verbal e não verbal? Teria isso alguma relação com o aumento da violência e da criminalidade? Que tipo de vinculação e de visão de mundo isso gera na geração seguinte? Qual o papel da família e suas novas configurações neste contexto? Quantas vezes não se observa o álcool e outras drogas presentes como ingredientes infelizes no rompimento dos laços afetivos mais caros, destruindo as famílias?

Estudos com filhos de dependentes químicos de álcool, por exemplo, demonstram que essas crianças têm mais chance de apresentar quadros de ansiedade, depressão; baixa autoestima; dificuldades de relacionamento; ferimentos acidentais; risco de futuros problemas associados ao álcool, depressão, desarmonia conjugal, mal desempenho escolar, comportamento antissocial, abuso físico e sexual. (Edwards, 1976)

Os entorpecentes e a violência masculina e feminina: algumas considerações

Retomando o estudo do gráfico referente à tipificação dos crimes masculinos, inclusive, vale destacar, ainda, o papel representativo dos "entorpecentes" na dinâmica das prisões.

Tal quadro reforça ainda mais a necessidade de se dar a devida atenção ao mundo das drogas e ao crime organizado ligado a este fenômeno de altas e intrincadas repercussões políticas e sociais sobre a saúde e o bem-estar humano. Sobretudo sobre o senso de desamparo de jovens e crianças em nossa contemporaneidade.

Já entre as mulheres (Tabela 4.3), quanto à tipificação referente aos dados obtidos em 2009, temos o seguinte contexto aproximado:

Tabela 4.3 – Dados do sistema prisional brasileiro – Sexo Feminino Fonte: Ministério da Justiça (2009). Adaptado.
Entorpecentes: 59% (12 mil indivíduos)
Roubo: 11% (2,2 mil indivíduos)
Furto: 9 % (1,9 mil indivíduos)
Homicídios: 7% (1,5 mil indivíduos)
Desarmamento: 2% (0,4 mil indivíduos)
Costumes: 1% (0,16 mil indivíduos)
Latrocínio: 2% (0,4 mil indivíduos)
Estelionato: 2% (0,3 mil indivíduos)

Observação X imaginação: profilaxia ao falso julgamento e ao falso testemunho

Outra questão que tenho visto, é a diferença entre o que EU OBSERVO e o que EU IMAGINO. Quantas brigas entre casais, colegas de trabalho e amigos poderiam ser evitadas se o que o "eu imagino" fosse dito para que o que "eu observo" pudesse ser corrigido. Essas percepções precipitadas muitas vezes são a base para o falso testemunho, embasado em um falso julgamento ou uma apreciação muito parcial da realidade.

Excetuando-se as psicopatologias, que merecem atenção especializada, encontra-se na mentira – como falso testemunho e como falsa apreciação dos fatos – a gênese de várias crises de ciúme, disputas profissionais desnecessárias, manifestações de hostilidade no dia-a-dia que vão se acumulando, e que às vezes culminam com traições, agressões físicas ou verbais, mexericos, fofocas, ou, quando levadas até as últimas consequências, até mesmo com desfechos muito trágicos e desagradáveis, como demissões seguidas de assassinatos, por exemplo.

Tais ocorrências têm sido uma vasta fonte de notícias para jornais do tipo sensacionalista que fico em dúvida, às vezes, se agem estimulando ou desestimulando tais tipos de barbaridade, pela forma tantas vezes também violenta e agressiva com que abordam tais assuntos, referindo-se aos agressores também de forma muito desrespeitosa. E, em alguns casos, igualando-se a eles.

Em busca de saídas: o caso da garçonete e do bombeiro: entre a borboleta e o furacão

Recentemente, recebi em uma rede social uma reportagem que falava a respeito do caso de uma garçonete de

Nova Jersey que resolveu interagir com dois bombeiros numa lanchonete, fazendo-lhes uma gentileza. As repercussões de seu ato delicado viraram notícias em vários sites na Internet no mundo inteiro. Explicaremos o porquê.

Era manhã, muito cedo, e ambos estavam sentados, tomando seu café, enquanto comentavam a respeito da noite anterior, em que estiveram 12 horas de plantão, tentando lutar contra um incêndio.

Ao final de sua refeição, pediram a conta, e para a sua surpresa, ao invés de receberem a nota, receberam essa delicada manifestação de afeto por parte da mesma, num pequeno bilhete:

> Hoje o café da manhã de vocês é por minha conta – obrigada por tudo o que vocês fazem. Por servir aos outros e por correr para dentro dos lugares de que todos correm para fora. Não importa o papel de vocês, vocês são corajosos destemidos e fortes...
>
> Obrigada por serem tão ousados e fantásticos todos os dias! Alimentados pelo fogo e guiados pela coragem – que exemplo vocês são. Descansem! (...)

Eles comentaram o fato na rede social, incentivando amigos a irem conhecer a lanchonete da moça e a capricharem na gorjeta para ela. Mas as coisas não pararam por aí.

Eles descobriram que a moça tinha um pai tetraplégico há alguns anos e estava tentando arrecadar fundos para comprar um carro adaptado para cadeirante, visando facilitar o seu deslocamento a médicos, etc.

Os bombeiros então, fizeram uma campanha e conseguiram arrecadar mais de 50 mil dólares. Um café da manhã dado com carinho, delicado como o bater das asas de uma borboleta, se transformou num movimento semelhante a um furacão, feito pelos bombeiros, que culminou com a aquisição de um carro para o seu pai doente.

Um ditado sistêmico muito conhecido refere-se ao fato de "uma batida de asas de uma borboleta de um lado do mundo poder estar correlacionado com as origens de um furacão em outro lado do planeta".

Essa frase está fundamentada na Teoria do Caos, segundo a qual uma pequena mudança ocorrida no início de um evento qualquer pode ter desconhecidas consequências no futuro.

Ela fala de como pequenos atos podem reverberar de forma imprevisível, dependendo das variáveis que estão envolvidas em sua origem. Talvez pudéssemos falar, num campo não material, se aplicarmos essa mesma lei ao fenômeno de interação das consciências, de intencionalidade, de pureza, e de impacto moral, como variáveis envolvidas na origem de atos, por exemplos conectados, por um lado à paz, e por outro, à violência.

Que o mal praticado possa reverberar em um mal para aquele que o fez, o senso comum já aprovou. Mas até que ponto um bem não praticado deixa de ser um bem a ser retornado por aquele que o praticou, não é uma cogitação que se faz todos os dias.

O exemplo anterior deixa isso claro. Caso ela não tivesse servido o café com essa gentileza, teria o drama de seu pai sido resolvido com a mesma rapidez? Quantos cafezinhos ela teria que servir para poder pagar esta conta tão vultuosa?

Neste ponto, as possibilidades de amplificação do bem ou do mal, enquanto expressões do Caos e da Ordem, parecem ser faces diferentes da mesma moeda.

Do mesmo modo que uma pequena discussão entre indivíduos num estádio de futebol pode gerar um verdadeiro massacre entre as torcidas, pequenos atos de gentileza podem criar verdadeiros movimentos de construção da paz planetária.

Existem outros exemplos que podem ser dados para representar o lado escuro e o lado luminoso da Teoria do

Caos aplicada ao comportamento humano. A sociedade tem visto, até o momento, mais repercussões sombrias, mas acredito haverá, numa perspectiva de Educação, Promoção de Saúde, Espiritualidade e Paz para o Terceiro milênio, mais borboletas batendo suas asas de forma consciente, visando ativar mecanismos de "furacão" para as realizações de promoção de saúde e paz.

Quando estudamos a realidade pelo prisma sistêmico e das possibilidades da consciência de se afetar com tudo o que está ao seu redor, começamos a nos preocupar mais seriamente a respeito das correlações dos pensamentos, sentimentos, percepções e intuições do indivíduo sobre a saúde coletiva. Por outro lado, atos positivos podem desencadear uma reação em cadeia, e poderão ser responsáveis por verdadeiros saltos de qualidade de vida para a comunidade planetária.

Por tudo o que foi demonstrado, parece que iremos cada vez mais nos tornar responsáveis conscientes de nossos atos exteriores, mas também do nosso mundo interior, origem de causas conscientes e inconscientes de vários de nossos dramas e felicidades coletivas.

Estudos hoje sobre a violência contra mulher, por exemplo, demonstram que grande parte dos estupros ocorrem por indivíduos próximos e conhecidos das mesmas. Além disso, pesquisas e entrevista refletem o fato de que elas não se sentem prestigiadas com as "cantadas". Além disso, tais cantadas, por sua vez, podem se tornar, não raro, a faísca para comportamentos de assédio moral e a violência física, inclusive feitas por um grupo de pessoas diante de alguém que se mostre fragilizado em um determinado contexto.

Ao final deste volume o(a) leitor(a) encontrará uma lista de filmes sugeridos a respeito dessas temáticas.

Um pouco de fermento levada a massa toda

A esta altura, o(a) leitor(a) poderá estar se lembrando dos números das mortes atribuídas a algum tipo de violência, ou seja, algo em torno de 1,5 milhões de pessoas, e correlacionando este número com o total da população humana habitante hoje do planeta, de quase 7,5 bilhões de pessoas.

E, a partir deste ponto se perguntar: como uma proporção tão pequena de pessoas pode causar um estrago tão grande? A Teoria do Caos, enquanto base para a explicação de funcionamento de sistemas complexos, talvez nos permita compreender como um pequeno grupo de pessoas pode perturbar o bom funcionamento de todo um sistema integrado de bilhões de pessoas interligadas a este grupo mais violento.

Da mesma forma, um pequeno grupo de pessoas, imbuídos dos mais altos e nobres fins, poderá causar um impacto realmente revolucionário, ou melhor, evolucionário, em todo o planeta, baseado no mesmo princípio.

Alguns milhares de indivíduos apostaram em Hitler, e milhões de judeus foram mortos. Mas se em cada país houvesse seis Mandela, dois Ghandi, três Madres Tereza e uns quatro Chico Xavier, a paz no mundo poderia ser alcançada bem mais rápido do que se imagina. Propomos que muitos furacões podem, em torno da paz, ser criados, dependendo da forma como poucas, mas significativas borboletas passem a "bater as suas asas".

Isso cria as bases motivacionais para a aplicação prática de ideologias como "menos é mais", "o pouco com Deus é muito".

Iniciando a transição para o contexto cristão, que será abordado nos capítulos seguintes, podemos incluir aqui uma compreensão mais delicada da passagem do Evangelho de

Jesus, quando ele faz referência ao impacto do "óbulo da Viúva" em comparação a barulhenta oferta realizada pelos fariseus de seu tempo:

> E, olhando ele, viu os ricos lançarem as suas ofertas na arca do tesouro; E viu também uma pobre viúva lançar ali duas pequenas moedas; E disse: Em verdade vos digo que lançou mais do que todos, esta pobre viúva; Porque todos aqueles deitaram para as ofertas de Deus do que lhes sobeja; mas esta, da sua pobreza, deitou todo o sustento que tinha. (Lucas, 21:1-4)

Fica difícil, sem compreender essas bases da Teoria do Caos aplicada ao comportamento humano, cultivar a cultura de dar importância aos pequenos atos ou de certas minorias ou grupos de "borboletas" com o devido respeito e amor, visando evitar o "furacão" da destruição planetária.

Isso pede atenção máxima aos programas de recuperação, por exemplo, dos hospitais, penitenciárias e reformatórios de toda ordem, mas também o incentivo à educação intelecto-moral em todos os níveis sociais, a fim de que potenciais criminosos ou indivíduos violentos possam, pelo mecanismo da prevenção, desviarem seu destino e se tornarem, dentro dos limites de suas possibilidades, cidadãos dignos de uma sociedade sistemicamente mais harmônica.

Ao mesmo tempo, pequenos incentivos podem despertar potenciais de espiritualidade e paz em crianças que dormem latentes, aguardando apenas um pouco mais de irrigação amorosa para que os efeitos positivos na sociedade se manifestem.

Os professores e as mães, como agentes de prevenção, as mães com licenças maternidade estabelecidas em prazo e valor vergonhosas e os professores com remuneração indigna pela função que exercem, ainda receberão, certamente, inclusive do ponto de vista financeiro, o reconhecimento que os profissionais de saúde, do direito e das polícias ganham para tratar, prender e reabilitar estragos já estabelecidos no corpo e no psiquismo da coletividade tantas vezes ignorante e bárbara.

De Moisés a Jesus: a releitura dos 10 mandamentos

Por tudo isso, na medida em que nos aproximamos de Jesus Cristo, podemos, a seguir, aproveitar o ensejo para dar início ao estudo dos 10 mandamentos à luz de sua sabedoria.

Isso porque, para os judeus, o Salvador ainda não chegou. Os cristãos são aqueles que, judeus ou não, acreditaram que Jesus era o enviado de Deus, o Messias.

Atualmente, temos no mundo em torno de 2,1 bilhões de cristãos. Em diferentes seguimentos, ortodoxos, católicos, protestantes, espíritas. Os protestantes, por sua vez, são aqueles cristãos que não aceitaram certos dogmas católicos, propondo, por exemplo, dentre outra coisas, com os reformistas, a livre interpretação da Bíblia.

Os espíritas, predominantes no Brasil, por sua vez, são aqueles que acreditam que a promessa de Jesus, a respeito do Consolador prometido, se cumpriu com o advento do Espiritismo no mundo, através da codificação de Allan Kardec.

Seguiremos, nesta obra, essa ordem histórica, estudando aspectos do evangelho cristão, numa perspectiva católica e evangélica, e, depois trazendo considerações espíritas a respeito desse mesmo evangelho, na interface com a dependência química.

Porém, antes de irmos para o próximo capítulo, gostaria de propor a você, leitor(a), um pequeno exercício na interface entre a violência, a espiritualidade e o autoconhecimento.

EXERCÍCIO 4 – AUTOCONHECIMENTO E VIOLÊNCIA

Reflita sobre os momentos em sua vida em que você foi violento e o que você pode fazer para reverter isso e evitar a repetição de padrões de comportamento violento verbal e não verbal em torno de você, de sua família, de seu trabalho e de seu município, por exemplo. Quantas vezes você se agrediu verbalmente? Por pensamentos? Por atos? Quantas vezes você deixou de se cuidar? Você sabia que a negligencia também é uma forma de violência? Quantas vezes você deixou de fazer algo por alguém e que você estava em condições de fazer? E quantas vezes você quer continuar fazendo isso? Como você acha que as suas relações familiares podem melhorar a partir da SUA (e não do outro) transformação? Você consegue identificar os momentos de faíscas nas relações e nas conversas que antecedem aos incêndios? Como preveni-los? Permita-se fazer um inventário, escrito, como uma pequena lista, a respeito de si mesmo(a), resgatando-se, perdoando-se e projetando linhas mais pacíficas para delinear o seu comportamento no futuro...

CAPÍTULO 5

Jesus e a Dependência Química: Reflexões sistêmicas e espirituais

Vigiai e orai, para que não
entreis em tentação.
Jesus (Mateus, 26:41).

Introdução: entre a filosofia da mente e a psiquiatria

Segundo alguns teóricos da Filosofia, o campo da filosofia da mente vem sendo considerado pelos seus estudiosos, resumidamente, a partir das seguintes linhas de pensamento: 1) a dos MONISTAS MATERIALISTAS; 2) a dos DUALISTAS ESPIRITUALISTAS; 3) a dos MONISTAS ESPIRITUALISTAS (Teixeira, 1994).

Os MONISTAS MATERIALISTAS nutrem a visão segundo a qual o cérebro é que secreta a mente, e os pensamentos são mero reflexo da atividade cerebral. Sem esta atividade, pressupõem não haverá atividade mental. Em contraposição a esta visão, existem estudos de casos de reencarnação e de experiência de quase-morte bastante desafiadores ao paradigma materialista vigente.

Há, ainda, um outro ramo que acredita haver Matéria e Espírito como substâncias do Universo e, consequentemente, tal modelo se repete na explicação do funcionamento da Mente. Dentre eles, estariam René Descartes, que dividiu o estudo da Natureza entre a *Res Extensa e Res Cogitans*, deixando à Religião os assuntos da Alma, e à Ciência, os assuntos do Corpo e do Universo Material. Ele causou grande impacto sobre a forma que a Ciência hoje atua e se pronuncia sobre temas chamados "não materiais".

Como ele, outros filósofos, podem ser chamados de "DUALISTAS ESPIRITUALISTAS". Ou seja, acreditam que a mente e o cérebro sejam instâncias distintas, mas não conseguem explicar como elas interagem, já que substâncias distintas. Ainda no grupo dos ESPIRITUALISTAS DUALISTAS estariam, por exemplo, La Metrie, com a tese de um paralelismo entre o universo material e espiritual, postulando um não comprometimento desta interação entre estes dois universos a despeito da hipótese de que seriam duas substâncias distintas, e a tese de Malembranche, sobre o Ocasionalismo.

Para este último, as pessoas e as circunstâncias na verdade são meras ocasiões para a manifestação de uma Força Divina, superior àquele contexto, e elas, então, seriam apenas "canais" para esta Manifestação Divina. Sem resolver o problema do dualismo, não deixam de ser hipóteses plausíveis.

Mas, além destas duas anteriores, do MONISMO MATERIALISTA E DO DUALISMO ESPIRITUALISTA, surge uma terceira possibilidade, a do MONISMO ESPIRITUALISTA.

Segundo esta tese, "tudo é consciência", e dentro desta perspectiva teórica, tudo ocorreria, mesmo os fenômenos ditos "materiais", dentro do modelo de uma causalidade espiritualista. Essa visão, a meu ver, se aproxima muito da visão de Paulo de Tarso, no evangelho, quando nos diz que "Nele nos movemos, vivemos e existimos" (Atos, 17:28-30), referindo-se à relação da criatura com o seu Criador. Esta visão tem sido defendida por alguns cientistas e filósofos contemporâneos.

Acredito que a compreensão do Evangelho deve se dar a partir de uma perspectiva naturalmente espiritualista, e não materialista, e ao longo do capítulo, o leitor poderá se afeiçoar mais a uma perspectiva monista ou dualista, para as reflexões que estivermos propondo, na interface da

Dependência Química com o Evangelho. Para isso, nesse capítulo, algumas passagens do Evangelho serão estudadas, que acredito poderão se aplicar a este Universo, dentre elas:

1) Orar e vigiar e o Pai-Nosso
2) A Passagem da mulher samaritana
3) O caminho das bem-aventuranças
4) O Filho Pródigo

Sobre o orar, o vigiar e o pai nosso

"Vigiai e orai, para que não entreis em tentação; na verdade, o espírito está pronto, mas a carne é fraca". (Mateus, 26:41)

A respeito da condição de vigilância e da oração, podemos estabelecer algumas reflexões no processo de recuperação em Dependência Química.

Algumas pessoas acreditam que apenas através da oração elas serão capazes de se recuperar, mas continuam frequentando lugares de risco, cultivando amizades que não lhes deixam afastadas das drogas e hábitos que na verdade são quase um convite para voltar a se drogar ou embriagar.

Outras por sua vez, se valem de inúmeras estratégias psicológicas, materiais e medicamentosas, mas sem cuidar do altar íntimo que, como falamos, deverá ser preenchido, a nosso ver, por algo de natureza sublime e transcendental, e não por símbolos e interesses meramente humanos.

Nesse sentido, é preciso conjugar mudança de hábitos com mudança de padrão mental pela via da oração, da meditação, para que a mente, alcançando novos estados de consciência, possa sair dos seus padrões condicionados e alcançar compreensões mais amplas sobre a vida.

Estado de alerta, tensão e insegurança, configurados pelo excesso de vigilância por parte de quem está tentando se ver livre de um vício poderá ser preenchido por condições de bem-estar, relaxamento e tranquilidade na medida em que a pessoa se disponha a conciliar a vigilância com os processos de alteração do estado da consciência, pelo uso de preces, músicas que elevem e acalmem o coração, mantras e meditações, por exemplo.

A pessoa pode colocar esses recursos hoje em seu celular, no rádio do carro, no próprio computador, etc. em caso de fissura, por exemplo.

O mesmo alerta pode ser visto na oração do Pai-nosso: "Não nos deixeis cair em tentação, mas livrai-nos do mal" (Mateus, 6:13).

A mulher samaritana

> Disse-lhe a mulher: Senhor, vejo que és profeta. Nossos pais adoraram neste monte, e vós dizeis que é em Jerusalém o lugar onde se deve adorar. Disse-lhe Jesus: Mulher, crê-me que a hora vem, em que nem neste monte nem em Jerusalém adorareis o Pai. Vós adorais o que não sabeis; nós adoramos o que sabemos porque a salvação vem dos judeus. Mas a hora vem, e agora é, em que os verdadeiros adoradores adorarão o Pai em espírito e em verdade; porque o Pai procura a tais que assim o adorem. Deus é Espírito, e importa que os que o adoram o adorem em espírito e em verdade (João, 4:19-24).

Eis aqui um ensinamento profundo. Jesus mostra para a mulher que adoração é um ato íntimo, que não importa se nos montes ou nos templos Deus deve ser adorado, mas no altar do coração.

É ali que a divindade avaliar o tabernáculo, é ali que ela encontra morada ou não. E se encontra morada, ela procura esse tabernáculo para que aquele indivíduo possa ser instrumento consciente de seus desígnios, passando aquele indivíduo a integrar uma teia sistêmica que trabalha em benefício de toda a rede, junto a um processo de Cristianização da mentalidade coletiva em busca da paz. Esse raciocínio nos permite compreender a frase de Jesus a respeito do que seria sua família: "Porque, qualquer que fizer a vontade de meu Pai que está nos céus, este é meu irmão, e irmã e mãe" (Mateus, 12:50).

No processo de conversão que passa um adicto, largando as drogas, e que se valha da espiritualidade para se recuperar, tem nesse ponto a sua culminância. Depois de purificar o altar do coração, mudar o dono de seu trono íntimo, ele passará a ser utilizado em benefício desse processo de pacificação da humanidade, que é uma das últimas bem-aventuranças do sermão do monte: "bem-aventurados os pacificadores, porque serão chamados filhos e Deus". (Mateus, 5:9)

Assim, se refletirmos sobre cada uma das bem-aventuranças, veremos que ali existe um passo-a-passo que também poderá ser utilizado no processo de recuperação em Dependência Química, inclusive. Veremos isso a seguir.

O caminho das bem-aventuranças

> E Jesus, vendo a multidão, subiu a um monte, e, assentando-se, aproximaram-se dele os seus discípulos; E, abrindo a sua boca, os ensinava, dizendo: Bem-aventurados os pobres de espírito, porque deles é o reino dos céus; Bem-aventurados os que choram, porque eles serão consolados; Bem-aventurados os mansos, porque eles herdarão a terra; Bem-aventurados os que têm fome e sede de justiça, porque eles serão fartos; Bem-aventurados os misericordiosos, porque eles alcançarão misericórdia;

> Bem-aventurados os limpos de coração, porque eles verão a Deus; Bem-aventurados os pacificadores, porque eles serão chamados filhos de Deus; Bem-aventurados os que sofrem perseguição por causa da justiça, porque deles é o reino dos céus; Bem-aventurados sois vós, quando vos injuriarem e perseguirem e, mentindo, disserem todo o mal contra vós por minha causa. Exultai e alegrai-vos, porque é grande o vosso galardão nos céus; porque assim perseguiram os profetas que foram antes de vós (Mateus, 5:1-12).

Comecemos da primeira bem-aventurança: o reino dos céus é dos pobres de espírito. Ou seja, a caminhada de recuperação pede humildade. Não adianta alguém querer se recuperar sem enxergar as próprias fraquezas (Tabela 5.1).

A segunda bem-aventurança pode ser entendida como o passo seguinte. Não há como não reconhecer as próprias fraquezas sem sofrimento, muitas vezes representado pelo choro. O choro pode ser entendido como um processo de purificação, de lavagem das impurezas do coração, pode representar arrependimento.

A terceira bem-aventurança, como terceiro passo na recuperação, pode ser entendida como a necessidade de o espírito não se revoltar depois que se encontra com suas fraquezas e chora com elas. A raiva, a revolta, diante de tantas diferenças sociais, sofrimentos humanos pode ser um caminho de estagnação no processo de recuperação.

Observo, em minha clínica diária, muitos indivíduos em recuperação se estacionarem nesse degrau. Ou seja, se reconhecem fracos, choram devidos às suas fraquezas, mas não conseguem ser mansos. Continuam revoltados contra suas famílias, a sociedade, e até mesmo Deus. Se humilham, choram e sofrem, mas não conseguem se tornar pessoas pacíficas. Projetam a raiva que tinham contra si para o mundo, mas continuam vivendo na sintonia da raiva.

O quarto passo é para aqueles que abandonaram a raiva contra o mundo, mas não querem ser passivos diante das dificuldades. É preciso sim ter fome e sede de justiça, mas da forma certa. E a resposta para aqueles que buscam a justiça com toda a sua garra, o quinto passo se apresenta como a solução.

O quinto passo é a lição da misericórdia. Pois "com a mesma medida que medirdes vos medirão a vós". (Mateus, 6:38). Um dos riscos que o recuperando corre é de se ensoberbecer no afã pela justiça, esquecer que foi um "pecador", ou seja, alguém que agiu contra as leis espirituais da vida e começar a julgar e condenar aqueles que ele julga serem mais fracos do que ele, ou que ainda estejam em erro, ou na viciação.

Outra manifestação comportamental neste estágio é a daqueles indivíduos que identificam em seu passado, erros de terceiros em relação a si, que os atrapalharam, colaborando para que estivessem num caminho de erro. E aí, ficam com dificuldades de perdoar o erro de terceiros, querendo apenas o perdão para si próprios.

Há ainda, outro grupo de indivíduos, que às vezes tem mais facilidade para não julgar os outros, mas que ficam estagnados na relação consigo mesmos, se impugnando culpas eternas, sem o merecimento de entrar no paraíso espiritual sob nenhuma condição, esquecendo-se da lição de Jesus com o chamado "bom ladrão". (Lucas, 23).

O sexto passo é então daqueles que conseguiram a purificação de seu próprio coração, pelo exercício da humildade, do arrependimento e da misericórdia, e conseguiram, com as lentes da alma mais limpas, perceber melhor os atributos de Deus e as suas formas de ação providencial na vida das pessoas. Ou seja, Deus não age sem misericórdia, consola as lágrimas dos humildes e fortalece aqueles que têm sede de justiça, mas que não se esquecem de ser mansos. Esse é passo que prepara os missionários, os pecadores redimidos que irão entrar no terreno da semeadura, que são chamados ao campo de trabalho após se recuperarem, que são chamados "à vinha". Não há trabalho espiritual que receba a violência como expressão dileta da Paz.

Neste sentido, em comunidades de recuperação, e afins, observamos muitos indivíduos que entram pela porta do tratamento, mas que se mantem nessas coletividades como trabalhadores após alcançarem um estágio mais estável de recuperação. Eles passam a ser verdadeiros gestores, alguns até mesmo empreendedores neste terreno, e colaboram para a melhoria de muitos outros indivíduos.

Outros, tenho visto, tentam aderir ao trabalho de forma superficial, sem um processo de recuperação genuíno, buscando o trabalho em comunidades terapêuticas apenas como forma de fuga da realidade, do mundo e das tentações. Ou ainda, como processo de menor esforço para terem um trabalho remunerado usando a própria doença para se manterem isolados e trabalhando.

Não se está aqui julgando, mas observo que, indivíduos nesta fase, com este último comportamento que delineamos, são mais suscetíveis de colocar outros indivíduos em riso, pois tem mais chance de recair, e fazer recair. Pois há também o alerta contra os "cegos que guiam cegos" e que podem fazer com que todos caiam no buraco:

"Deixai-os; são cegos condutores de cegos. Ora, se um cego guiar outro cego, ambos cairão na cova" (Mateus, 15:14).

Então, aqueles que realmente passam por esse processo de individuação, de forma autêntica, alcançam o oitavo passo, que é a caminhada de pacificação, que citamos no item acima. O indivíduo, mais purificado, passa a ser um agente da Paz.

E passa a ser ainda mais bem-aventurado, na perspectiva cristã, quando as forças contrárias à pacificação do mundo, ou seja, as forças do materialismo, passam a persegui-lo. Isso inclui as perseguições políticas aos missionários de todas as crenças, que, pelo testemunho, fortalecem a moral do povo em direção a um comportamento mais digno, questionando o status quo, desde as perseguições e crimes cometidos contra os corpos dessas pessoas, e que chegam às torturas emocionais e físicas, a sofrerem homicídios, que levam estes indivíduos ao último e oitavo passo, que é o do martírio em nome da causa que abraçaram.

Tabela 5.1 – Os 8 passos: O caminho das bem-aventuranças na Recuperação em Dependência Química	
Bem-aventurados os pobres de espírito	1º passo: Humildade
Bem-aventurados os que choram	2º passo: Choro é seguido de consolação
Bem-aventurados os mansos	3º passo: não há consolação sem brandura
Bem-aventurados os que tem fome e sede de justiça	4º passo: não há brandura sem engajamento em causas nobres (ativismo)
Bem-aventurados os misericordiosos	5º passo: Não há justiça sem misericórdia
Bem-aventurados os puros de coração	6º passo: Só com amor no coração se consegue compreender melhor a Deus
Bem-aventurados os pacificadores	7º passo: Um coração preparado está pronto para trabalhar para a Paz.

Tabela 5.1 – Os 8 passos: O caminho das bem-aventuranças na Recuperação em Dependência Química (*continuação*)	
Bem-aventurados os que são perseguidos	8º passo: A perseguição e o martírio podem ser uma ventura para aqueles que trabalham pelo amor.

Nem todos os cristãos são chamados em vida a este estágio. E nem todos os recuperando também, embora alguns se considerem caluniados ou perseguidos em nome da justiça, mas na verdade, ainda são caluniados e perseguidos em virtude de sua própria vaidade e melindre pessoal.

Por outro lado, recentemente, foi divulgada nas mídias sociais a notícia da morte de um dirigente de uma respeitada casa espírita no Rio de Janeiro, em sua própria casa, pouco antes de se dedicar a uma reunião de tratamento espiritual para dependentes químicos. Ele teria sido assassinado alguns dias após ter sido divulgada, de forma não autorizada pelo centro, uma psicografia atribuída ao espírito de Cássia Eller, falando de suas dificuldades em relação ao vício. A correlação entre esses dois fatos não pode ser feita de maneira comprovável, mas ficamos a nos indagar se esse mecanismo não tenha algo a ver com o oitavo passo acima descrito. A mensagem poderá ser vista ao final deste capítulo, como anexo.

O filho pródigo: há sempre um pai a lhe esperar

> E disse: Um certo homem tinha dois filhos; E o mais moço deles disse ao pai: Pai, dá-me a parte dos bens que me pertence. E ele repartiu por eles a fazenda. E, poucos dias depois, o filho mais novo, ajuntando

tudo, partiu para uma terra longínqua, e ali desperdiçou os seus bens, vivendo dissolutamente. E, havendo ele gastado tudo, houve naquela terra uma grande fome, e começou a padecer necessidades. E foi, e chegou-se a um dos cidadãos daquela terra, o qual o mandou para os seus campos, a apascentar porcos. E desejava encher o seu estômago com as bolotas que os porcos comiam, e ninguém lhe dava nada. E, tornando em si, disse: Quantos jornaleiros de meu pai têm abundância de pão, e eu aqui pereço de fome! Levantar-me-ei, e irei ter com meu pai, e dir-lhe-ei: Pai, pequei contra o céu e perante ti; Já não sou digno de ser chamado teu filho; faze-me como um dos teus jornaleiros. E, levantando-se, foi para seu pai; e, quando ainda estava longe, viu-o seu pai, e se moveu de íntima compaixão e, correndo, lançou-se-lhe ao pescoço e o beijou. E o filho lhe disse: Pai, pequei contra o céu e perante ti, e já não sou digno de ser chamado teu filho. Mas o pai disse aos seus servos: Trazei depressa a melhor roupa; e vesti-lho, e ponde-lhe um anel na mão, e alparcas nos pés; E trazei o bezerro cevado, e matai-o; e comamos, e alegremo-nos; Porque este meu filho estava morto, e reviveu, tinha-se perdido, e foi achado. E começaram a alegrar-se. E o seu filho mais velho estava no campo; e quando veio, e chegou perto de casa, ouviu a música e as danças. E, chamando um dos servos, perguntou-lhe que era aquilo. E ele lhe disse: Veio teu irmão; e teu pai matou o bezerro cevado, porque o recebeu são salvo. Mas ele se indignou, e não queria entrar. E saindo o pai, instava com ele. Mas, respondendo ele, disse ao pai: Eis que te sirvo há tantos anos, sem nunca transgredir o teu mandamento, e nunca me deste um cabrito para alegrar-me com os meus amigos;

> Vindo, porém, este teu filho, que desperdiçou os teus bens com as meretrizes, mataste-lhe o bezerro cevado. E ele lhe disse: Filho, tu sempre estás comigo, e todas as minhas coisas são tuas; Mas era justo alegrarmo-nos e folgarmos, porque este teu irmão estava morto, e reviveu; e tinha-se perdido, e achou-se (Lucas, 15:11-32).

O estudo da passagem do filho pródigo merece toda a atenção, à luz dos problemas que envolvem os indivíduos e seus familiares no campo da Dependência Química.

Em primeiro lugar: há dois filhos. Isso mostra individualidade na relação em família. E o mais moço pede para ir embora de posse da herança. A fama dos caçulas serem os mais irreverentes e desafiadores não é incomum. Ao mesmo tempo, também de serem os mais paparicados, mimados.

Educar um filho não é fácil, mais de um, com certeza é mais desafiador. Isso porque se os filhos não são os mesmos para os pais os pais também não são os mesmos para os filhos. Os pais também amadurecem e mudam seus estilos de educação de um filho para o outro. Em geral o mais velho recebe toda a carga de responsabilidade e de projeção dos desejos escondidos dos pais, e o caçula cresce com mais liberdade e autonomia. Porém, corre o risco de se tornar mais dependente, se não houver a devida vigilância por parte dos pais.

E, no caso da dependência química, é comum que se façam comparações. Isso nem sempre é salutar. Cada um tem suas virtudes e suas dificuldades. Não há como dizer que um cachorro não é inteligente porque não consegue subir em uma árvore da mesma forma que um macaco. Inteligência tem a ver com contexto e com capacidade de resolução de problemas, e esse é um assunto sobre o qual os pais devem pensar. Nem sempre o filho usuário de droga é bem desenvolvido intelectualmente, mas é a alegria da casa, enquanto que o outro pode ter uma postura mais incisiva e egoísta, embora bem-sucedido academicamente, por exemplo.

Em segundo lugar, ocorre uma dinâmica dual em relação ao filho mais novo. Primeiro, ele valoriza os bens da família e os dissipa, para depois, sem nenhum bem material, valorizar a família como um bem.

Em terceiro lugar: ocorre o arrependimento após a comparação. Ele via a vida que tinha antes e a vida que tem atualmente e isso o mobiliza para voltar para casa. Na dependência química isso também pode ser um fator motivacional para o usuário. Quando ele começa a perceber o tanto de coisas impalpáveis, embora valiosas, que perdeu e como isso lhe faz muito mais falta do que os prazeres e bem-estar proporcionados pelos bens e objetos materiais. Encontro com a ilusão seguido de desilusão. Dificilmente caminha-se bem de forma iludida. Desiludir-se, cair em si, já é o começo da volta.

Em quarto lugar: o pai se alegra com a sua chegada. Qual o pai, ou quais os pais que não se alegram em ver o filho em franco processo de arrependimento e recuperação? Quais os pais não estão dispostos a dar de seu melhor para que os filhos se recuperem? Muitas vezes observamos pais chegarem às raias da falência tentando ajudar a um filho. Mas há aqui uma sutileza. Muitos pais fazem isso de forma impensada, sem verem os movimentos reais de arrependimento dos filhos. Muitas vezes, quando agem assim, não observam que o filho pode estar usando ainda de mecanismos de manipulação e não de real arrependimento, para obter os fins aos quais almeja.

E uma quinta reflexão: o ciúme em família. Não é incomum que aqueles que não passem por problemas com drogas se enciúmem dos irmãos que dão muito trabalho para os pais. E, por outro lado, não é incomum que os filhos envolvidos com drogas não tentem justificar o uso com posturas de manipulação, justificando que são menos bem quistos do que outros irmãos, mais bem-sucedidos na vida. O irmão mais velho na parábola se recente com a alegria do pai, mas acaba recebendo a lição da fraternidade e do perdão. O pai declara que o outro estava morto, e que agora vivia. Quantos vezes o usuário de drogas tem páginas e páginas do livro de sua vida social, familiar, afetiva deixadas em branco, porque estava egoisticamente envolvido com o universo das drogas?

Naturalmente há outras reflexões que envolvem esta parábola, mas julgo sejam suficientes para promover mais profundas reflexões naqueles que queiram mobilizar as suas forças para um processo de recuperação mais bem embasado na dinâmica de sua espiritualidade pessoal.

Antes de passarmos para a leitura do anexo e do próximo capítulo, convido o(a) leitor(a) a realizar mais um exercício, sedimentando a teoria na prática, pelo exercício da vivência, facilitada por esta breve indução.

EXERCÍCIO 5 – A ESCADA DA BEM-AVENTURANÇA

Reflita sobre a tabela das bem-aventuranças propostas neste capítulo. Imagine-se caminhando em busca da melhoria de suas relações com as pessoas, com Deus e consigo mesmo, subindo uma escada. Ela tem oito degraus, mas é a sua escada. Talvez de madeira, talvez de metal, talvez em espiral, eu não sei, mas você saberá. Relaxe, respire fundo, permita-se fechar os olhos e imaginar esta escada... Pense em si mesmo. Com relação a si mesmo, em que degrau você está? Isso..., pare..., reflita, contemple este degrau e veja o que ele está a te ensinar, e qual o próximo passo que ele te pede...

Fique aí por um minuto e depois pense: Em que degrau estou com relação ao outro? Existe alguém que preciso dar mais atenção neste momento? Porque? Como posso ser mais útil promovendo o bem-estar e a paz desta pessoa? E com relação a Deus? Em que degrau você está? Reflita, pense? Está negando a Sua existência? Está com raiva d'Ele? Já consegue vê-Lo agir em sua vida, mas com certa impureza? Já consegue agir em Seu nome, atendendo e servindo à vida, na realização do seu mais alto destino e de seus semelhantes?

Essa é a sua escada, permita-se subir, descer visitar cada degrau, ficar um pouquinho em cada um, e ouvir e ver o que ele tem para te ensinar, hoje, e talvez, daqui um tempo, um ano, 10 anos, talvez, você queira repeti-lo, reavaliando os degraus de sua caminhada, de sua evolução pessoal.

Anexo 1 – Mensagem atribuída ao espírito de Cassia Eller, por médium do lar de Frei Luiz, Rio de Janeiro, em maio de 2015.

A mensagem abaixo é digna de ser incorporada a este texto independentemente de ser ou não passível de ser atribuível a autoria ao espírito de Cássia Eller. Ela revela – a partir das consequências de sua publicação e pelo impacto de seu conteúdo, dentre outros motivos – o tom dramático e tenso em que as situações entre a espiritualidade, a violência e as dependências podem ocorrer. Como foi dito acima, na mesma semana em que essa mensagem foi divulgada nas redes sociais, um dos dirigentes do centro em que ela teria sido recebida, foi brutalmente assassinado. Ela já é suficiente para introduzir o próximo capítulo, em que se estudará a interface entre aspectos espíritas em diálogo com as questões pertinentes ao complexo tema da Dependência Química.

Eis o texto;

"Se eu disser para vocês que o inferno existe, acreditem, pois eu estava mergulhada nele, de corpo e alma, num espaço sombrio e frio, bem interno do ser, dos pés à cabeça, sem tempo, sem luz, nem descanso e afogava-me, a cada segundo, num oceano de matéria viscosa que roubava até minha ilusória alegria... Naquele lugar não havia luz, somente nuvens cinza e chuvas com raios e trovões, gritos estridentes e desesperados, gemidos surdos, pedidos de socorro, lágrimas, desalento, tristeza e revolta...

Preciso descrever mais as cenas dantescas de animais que nos mastigavam e, em seguida, nos devoravam sem consumir nossos corpos; se é que posso dizer que aquilo, que sobrou de mim, era um corpo humano. Queria fugir para bem longe dali, mas tudo em vão, quanto mais me debatia no fluido grudento, mais me afundava e, quando alcançava, de novo, a superfície apavorante, mãos e garras afiadas faziam-me submergir naquele líquido pastoso e malcheiroso.

Dragões lançavam chamas de suas bocas sujas e nos queimavam, machucando e estilhaçando a pouca consciência que me restava da lembrança de minha estada no corpo físico, neste planeta azul. Guardiões das trevas olhavam atentos seus presos e vigiavam todos os movimentos realizados naquele imenso espaço de sofrimentos, dores, lamentos, depressões, angústias e arrependimentos tardios... O ar era ácido e provocava convulsões diversas.

Perguntava-me porque ali estava se nada fizera por merecer tão infeliz destino, depois de ser expulsa do corpo de carne através do uso maciço de drogas. A dúvida assaltava-me os raros momentos de raciocínio menos desequilibrado e as crises de abstinência trancavam todas as portas que dariam acesso à saída daquele campo de penitência de espíritos rebeldes e viciados com eu.

Os filmes de horror que assisti, quando encarnada, estariam ainda muito distantes dos padecimentos, pânicos, pavores e temores que ficariam para sempre registrados na minha memória mental, os piores dias que vivi até hoje, como joguete e marionete de forças que me escravizavam o ser, debilitado, fraco, desprovido de energias, suja, carente e chorosa.

Não me lembrava do que acontecera comigo... Quando o medo é maior que as necessidades básicas, a mente fica encarcerada num labirinto hipnótico e "torporizante" de emoções truncadas e desconectadas da realidade... Assemelha-se a um pesadelo sem fim, sempre com final trágico e apavorante. Quando conseguia conciliar um pequeno tempo de sono; era imediatamente desperta por seres que me insultavam e xingavam, acusavam-me de suicida maldita e jogavam-me lama misturada com pedras... Insetos e anfíbios ajudavam a traçar o perfil horrendo dos anos que passei no umbral.

Preciso escrever estas palavras para nunca mais me esquecer: "Com o fenômeno da morte, nós não vamos para o umbral, nós já estamos no umbral quando tentamos forjar as leis maiores da criação com nossas más intenções e tendências viciantes".

Tudo fica registrado num diário mental que traça nosso destino futuro, no bem ou no mal.

O umbral não fora criado por Deus; ele é de autoria dos espíritos que necessitam de um autêntico e genuíno estágio educativo em zonas inferiores, onde poderão se depurar de suas construções aleijadas no campo dos sentimentos e dos pensamentos disformes, mal estruturados e mal-conduzidos por nossa irresponsabilidade, de mãos dadas com a imensa ignorância que nos faz seres infelizes e distantes da tão sonhada paz de consciência.

Após alguns anos umbralinos, despertei numa tarde serena, num campo verdejante e calmo. Não acreditava no que via, pois tudo, agora, parecia um sonho... Percebi, ao longe, o canto de uma ave que insistia em acordar-me daquele pesadelo no qual já me acostumava a viver; a morrer todos os dias... Seu canto era uma música que apaziguava meu coração e aguçava meus pensamentos na lembrança de como fui parar ali naquele campo gramado e repleto de árvores.

Consegui sentar-me na relva e ao olhar todo aquele espaço natural, deparei-me com milhares de outros seres como eu, nas mesmas condições de debilidade moral, usufruindo, agora, de um bem que não merecia, mas vivia! Todos nós dormíamos e fomos despertos com música e preces em favor de todos os presentes...

A maioria era de jovens e adultos, poucos idosos e centenas de enfermeiros que olhavam atentos para nossos movimentos no gramado. Com seus olhos serenos, projetavam em nós a mansidão e a paz tão esperadas por nossos corações enfermos, débeis e carentes de atenção, de afeto e carinho.

Alguém me tocava, de leve, os ombros e chamava-me pelo nome, como se me conhecesse há muito tempo. Eu identifiquei aquela voz e "temia" olhar para trás e confirmar minha impressão auditiva, era Cazuza todo de branco, como lindo enfermeiro, de cabelos cortados bem curtos e estendia suas mãos para que eu levantasse, caminhasse e conversasse um pouco em sua companhia.

Não consegui me levantar, porque uma enxurrada de lágrimas vertia dos meus olhos, como nascente de rio descendo a montanha das dores que trazia no peito. Meu ídolo ali estava resgatando e cuidando de sua fã, debilitada e muito carente. Ele cantou pequena canção e tive a capacidade de avaliar o que Deus havia reservado para aqueles que feriam suas leis e buscavam consolo entre erros escabrosos e desconcertantes.

A misericórdia divina sempre conspira a nosso favor, nós desdenhamos do amor divino com nossas desatenções e desequilíbrios das emoções comprometedoras, que arranham e esmagam as mais puras sementes depositadas no ser imortal. Aprendi palavras boas! Somente agora enxergo que sou espírito e que a vida continua e precisa seguir o curso natural das existências, como na roda-gigante: hora estamos aqui no alto; hora estamos aí embaixo encarnados. Daqui de cima, parece ser mais fácil compreender porque temos de respeitar as leis e descer num corpo físico para, igualmente, quando aí estivermos, conquistarmos, pelo trabalho no bem, a lucidez que explica porque há a reencarnação, filha da justiça divina.

Após um tempo no campo reconfortante, fui reconduzida para um hospital onde me recupero até hoje dos traumas e cicatrizes que criei no corpo do perispírito. As lesões que provoquei foram muito graves, passei por várias cirurgias espirituais e soube que minha próxima encarnação será dolorosa e expiarei asma, deficiência mental e tuberculose. Mesmo assim, estou reunindo forças para estudar, pois sempre guardamos, no inconsciente, todos os aprendizados conquistados. Reencarnarei numa comunidade carente no interior do Brasil e passarei por muitos reveses, para despertar em mim o valor da vida do espírito na pobreza e na doença crônica. Peço orações e a caridade dos corações que já sabem o que fazem e para onde desejam chegar. Invistam suas forças e energias espirituais em trabalhos de auxílio ao próximo e serão, naturalmente, felizes. Obrigada por me aceitarem como necessitada que sou!"

Fonte: http://extra.globo.com/famosos/suposta-carta-psicografada-de-cassia-eller-divulgada-nas-redes-sociais-16477619.html#ixzz3oByuDaqh (último acesso em 20 de outubro de 2015)

CAPÍTULO 6

Dependência Química e Espiritismo: Pois há eunucos e eunucos...

Porque há eunucos que assim nasceram
do ventre da mãe; e há eunucos que foram
castrados pelos homens; e há eunucos que
se castraram a si mesmos, por causa do reino
dos céus. Quem pode receber isto, receba-o.
(Mateus, 19:12)

Introdução

Neste capítulo, gostaria de propor um estudo interpretativo de uma passagem do Evangelho sob a ótica espírita, voltado para a compreensão dos processos da Dependência Química e sua interface com a Espiritualidade.

Pois há eunucos e eunucos

O problema da Dependência Química representa um impacto mundial significativo, como já foi dito no primeiro capítulo desta obra. No caso do uso do álcool, por exemplo, estima-se que cerca de 2 milhões de pessoas no mundo morrem a cada ano decorrentes do impacto negativo de seu uso, segundo dados da OMS. O tabagismo, por sua vez, é considerado a maior causa de morte vitável no mundo por esta organização, chegando a ceifar 5 milhões de vida por ano, no planeta. E, estima-se que cerca de 2 bilhoes de pessoas no mundo sejam fumantes. Se o mundo fosse uma floresta, é como se praticamente um terço (1/3) dessa paisagem estivesse esfumaçada.

Do ponto de vista neurobiológico, levanta-se a hipótese de que a viciação esteja conectada com o circuito de recompensa cerebral, também associado ao prazer obtido pela fome, pelo sexo e pela sede.

Do ponto de vista espírita, abordando-se o versículo que serve de epígrafe a este texto, pode-se dizer que Jesus estaria a ensinar sobre três arquétipos ou formas espirituais de se lidar com o problema da viciação do Circuito do Prazer Cerebral, no seu emaranhado neurobiológico-espiritual (Figura 6.1).

E o comportamento do adicto, que inclui a dependência química e outras formas de compulsão, estariam relacionados ao funcionamento viciado deste circuito. O estudo deste versículo, então, poderia ser dividido em três partes:

A primeira – "Porque há eunucos que assim nasceram do ventre da mãe" – seria referente àqueles espíritos que, na perspectiva espírita, teriam sido resgatados antes da reencarnação atual, já tendo passado por colônias de reabilitação e instrução, e, após inúmeras experiências em situação de luxúria e dor vividas em ambientes espirituais degradantes, colocam-se, hoje, à prova e reencarnam com uma proposta de vida celibatária. Vida essa que pode se enquadrar no liame das provas ou das expiações. Tal existe caracterizar-se-ia por um planejamento encarnatório claro que exclua o matrimônio ou a experiência da paternidade ou da maternidade, segundo o tipo de desequilíbrio anterior a que se tenham exposto. Ou seja, se constituem família, nem sempre a constituem no modelo mais tradicional. Porém, nem sempre estes espíritos são bem-sucedidos, e acabam, se recaem, entrando no caminho do vício novamente, quer seja ela sexual, pela pedofilia, ou por outros caminhos das compulsões – alimentar, etílicos ou outras drogas ou comportamentos.

Num segundo grupo – "e há eunucos que foram castrados pelos homens" – podem ser identificados, ao longo da História, aqueles espíritos que se viram coagidos a uma experiência reencarnatória em que o desejo sexual foi inibido por uma intervenção humana, em determinado momento da existência, quer seja ela cirúrgica, química ou psicológica, tais como a castração dos testículos ou por alguma intervenção hormonal ou farmacológica, ou forma de repressão psicológica, visando o interesse de grupos que queriam ou que ainda querem que tais indivíduos não sejam ativos do ponto de vista sexual, fato que poderiam torná-los "nocivos" ao interesse específico destes grupos.

Figura 6.1 – O circuito de recompensa cerebral – modificado

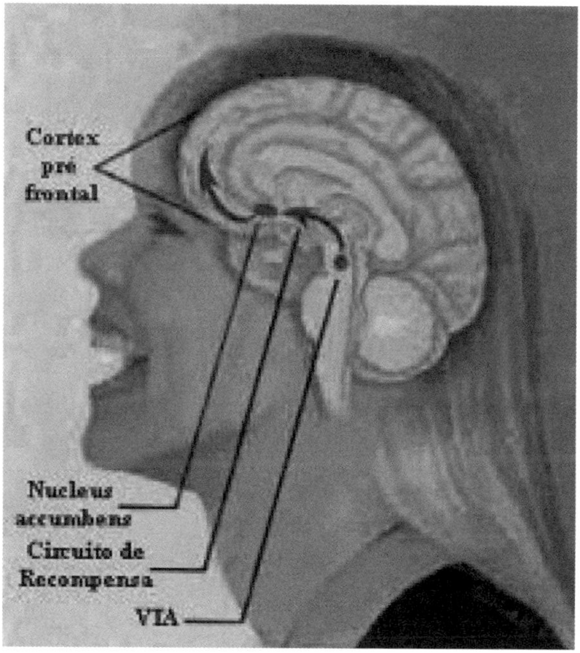

Fonte: <http://www.espacocomenius.com.br/cerdrogascinco.htm>. Acesso em: 20 out. de 2015.

Estariam aí, por exemplo, incluídos os jovens celibatários submetidos a orientações radicais e fundamentalistas, que muitas vezes por não saberem lidar com esta forma de repressão e sublimar os seus interesses sexuais, acabam no terreno da pedofilia e da homossexualidade conflituosa, quando não no desencadeamento de transtornos psiquiátricos graves, tais como quadros de depressões ou mesmo desencadeamentos psicóticos de difícil reversão, que culminam, às vezes, em clima de muita angústia, no suicídio ou no homicídio. Acredito que espíritos em situações de fortes conflitos, tais como guerra, em campos de concentração, ou outras formas de isolamento, possam também ser submetidos a este tipo de castração psicossocial. Há notícia de condimentos alimentares que podem arrefecer a libido, além de substâncias químicas de caráter psicofarmacológico e hormonal com efeito mais estabelecido.

Além desses grupos, podem ainda ser incluídos, no estudo da segunda parte deste versículo, aqueles homens que, para poderem ser escravizados nos haréns de todos os tempos, foram castrados fisicamente visando à garantia de sua "inocuidade sexual" às mulheres destes recintos, preservando a "pureza" da hereditariedade de seus sultões, dentre outros exemplos.

No último e terceiro grupo, – "e há eunucos que se castraram a si mesmos, por causa do reino dos céus" – poderiam ser identificados aqueles indivíduos que, mesmo encarnados, em meio a caminhos degradantes e compulsivos, optam pela castidade, e digo castidade do ponto de vista de Abstinência do Circuito do Prazer Cerebral, ou seja, optam pela não ativação deste circuito por um estímulo específico, no caso o álcool, o sexo, ou a droga. Evitam, assim, a recapitulação e a ativação de todo uma circuitaria neuroquímica que os predisporia a memórias que culminariam com a fissura, a recaída, símbolo de uma busca por gratificação meramente material, e muitas vezes, degradante moralmente.

No lugar desta busca materializante, então, este tipo de "Eunuco", começaria a ativar o Circuito do Prazer buscando vias de gratificação espiritual, beatitude ou bem-aventurança, através da comunhão espiritual com Deus e as entidades mais sublimadas, pelos caminhos da Mediunidade, em atividades que remontam ao êxtase místico e à busca de Espiritualidade.

E esta busca pode ser identificada em relatos de santos e religiosos de vários seguimentos, quer do Oriente ou do Ocidente, na História da Humanidade. O caso do Santo Agostinho, traduzido, em parte, em sua obra, Confissões, expondo o "antes" e o "depois" de sua conversão é paradigmático, neste aspecto. Antes, pela sua vida dissoluta, e depois, pela sua bela caminhada de santificação, rumo ao Sagrado. Com sugestão aqui deixo também a obra Antologia do Êxtase, de Pierre Weil.

Desta forma, no campo da Dependência Química, visando ao caminho da Sobriedade e da Abstinência, grande parte dos usuários de drogas, incluindo álcool e cigarro, estariam incluídos, em termos coletivos, no terceiro grupo acima citado. Ou seja, tendo que se haver com a escolha de um "caminho eunuco", melhor dizendo, de Abstinência do vício da droga, e trilhar um caminho de busca e realização espiritual, a se resumir na saga das Bem-Aventuranças, enquanto arquétipos que se definem versículo a versículo, como foi abordado no capítulo anterior.

Caminho este que se reflete às vezes em momentos da vida encarnada do espírito que vão se integralizando em ciclos bem-aventurados, rumo à Individuação. Ou, ainda, de forma mais ampla, em contextos reencarnatórios mais extensos, visando à aquisição das chamadas "vestes brancas" ou "nupciais" espirituais (Mateus, 22:11) para a Plenitude na Vida Eterna.

A pedagogia do quadrado no tratamento da dependência química

A Antiguidade já revelava a importância pedagógica das figuras geométricas, como forma de auxílio na memorização de esquemas e conteúdos didáticos. Para a abordagem do tema Dependência Química, desta vez, usaremos o esquema do quadrado.

O Quadrado conta com 4 lados e 4 vértices ou quinas. No tratamento em Dependência Química, este alicerce quadrilátero irá auxiliar na formação de uma imagem tridimensional, que sustentará 4 Pilares.

Ou seja, tem-se quatro quinas, que são 4 virtudes, sobre os quais se erguerão 4 pilares, que são as formas de suporte bio-psico-socio-espiritual na manutenção da Sobriedade, tão almejada e arduamente conquistada por aqueles que, de fato, se empenham e colocam a Vontade à prova, no exercício de uma cidadania universal menos compulsiva e deletéria.

As 4 virtudes no tratamento da dependência química

De um ponto de vista espiritual, a citação evangélica da carta de Paulo aos Coríntios é conteúdo imprescindível para se introduzir a necessidade de uma busca por aquisição de virtudes: "Se, como homem, combati em Éfeso contra as bestas, que me aproveita isso, se os mortos não ressuscitam? Comamos e bebamos, que amanhã morreremos". (1ª Coríntios, 15:32).

Ou seja, se não há uma perspectiva de Vida Eterna para o indivíduo, porque não se entregar aos vícios e prazeres que a experiência material pode proporcionar? Por que se abster de certos prazeres, renunciar a momentos de êxtase por vícios em substâncias e sexualidade, já que não se pode contar com a continuidade da existência após a morte, se não há que se responder posteriormente pelos atos em vida?

Acredita-se que não, mas o que não faltam são evidências robustas no campo religioso e dissertações e artigos acadêmicos que apontam para aspectos bastante intrigantes no sentido de se reforçar o aspecto verídico da continuidade da vida além da morte, como demonstrado nos capítulos anteriores.

Neste sentido, uma busca por um comportamento mais sóbrio, sensato, coerente, não seria vã vaidade do espírito, e sim, necessidade premente para se alcançar a autoeducação pelo autocontrole, numa experiência menos compulsiva, e já exercer a cidadania universal (planetária e extraplanetária) antes da experiência da morte, rumo a uma ética mais Imortal.

Ética esta, quiçá, já integrada àquelas de comunidades do mundo do pós-morte, arquetipicamente retratadas em obras como a Cidade de Deus, de Santo Agostinho; A Divina Comédia de Dante, ou na obra Céu e Inferno, de Allan Kardec; Nosso Lar, atribuída ao espírito de André Luiz pela psicografia de Francisco Cândido Xavier, ou mesmo em símbolos da tradição oriental, como a rica imagem da Roda de Samsara do Budismo Tibetano, que será estudada no capítulo 7 desta obra.

Assim, a busca de virtudes, incluindo a necessidade de ascetismo em relação à droga, ou em relação à compulsão pelo sexo, por exemplo, fariam sentido de um ponto de vista espiritual na direção da aquisição do autodomínio, dentro dos liames do Amor e da Sabedoria, com que cada um deva se conduzir, para as grandes conquistas do Espírito Imortal na sua jornada ascensional rumo ao Infinito.

Assim, dentre inúmeras virtudes importantes, poderiam ser destacadas quatro, na perspectiva do tratamento das adicções. São elas: a ***Humildade***, a ***Abnegação***, a ***Disciplina*** e a ***Perseverança***.

A ***Humildade*** para se reconhecer doente, inclusive espiritualmente doente; ***Abnegação***, para ser capaz de renunciar de forma mais ampla ao circuito vicioso de prazeres materiais e degradantes, em que o espírito – encarnado ou não – se deixou enredar; ***Disciplina*** para se conseguir conquistar novos hábitos, visando inclusive à aquisição de hábitos de espiritualização pessoal, tais como oração, estudo de questões espiritualizantes, profissionalizantes, e da cultura geral para conquistar uma mudança de Visão de Mundo; bem como sua participação em voluntariado e assistência social, mudança de grupos de convivência, com rotinas novas e que nem sempre serão tão agradáveis como as antigas, sobretudo no começo, etc. E por tudo isso, a ***Perseverança***, alicerçada na Fé na Imortalidade do Espírito, já que toda aquisição de virtudes jamais será em vão para a construção do Espírito Eterno que viverá, um dia, em plenitude, na Vida Eterna.

Feito esta abordagem, no sentido de se propor a construção de uma estrutura interna ao espírito, no rumo da Edificação de um Homem Novo, será abordada, a seguir, a estrutura externa, que identifico como adequada ao tratamento em Dependência Química, baseada na minha experiência e também em artigos da Ciência hodierna, quais sejam os 4 pilares no tratamento da Dependência Química.

Os 4 pilares no tratamento da dependência química

De um ponto de vista exterior, na criação de um ambiente e de um novo circuito bio-psico-sócio-espiritual de reforço sadio, recompensa e gratificação, poderíamos incluir 4 elementos, a se tornarem quatro pilares para o tratamento em Dependência Química. São eles: 1) **Suporte Médico e de Enfermagem (Medicina e Enfermagem), 2) Suporte Psicossocial (Psicologia, Terapia Ocupacional, Assistência Social e outras áreas afins); 3) Grupos de Ajuda;** e, por fim, 4) **Suporte Espiritual**.

É relativamente comum em minha prática ouvir dos clientes que um caso ou outro deu certo apenas com Igreja, ou que outro conseguiu a abstinência total da bebida "apenas" indo ao A.A. Não se trata aqui de uma imposição. De fato, há pessoas que não se identificam no Grupo de Ajuda, ou aquelas que não enxergam uma motivação espiritual para mudarem de vida. Há ainda aquelas que não toleram medicação – e nesse caso vejo que o preconceito com os fármacos e com os profissionais médicos e da saúde em geral, muitas vezes é reforçado por alguns seguimentos, inclusive religiosos, prejudicando o tratamento integral. Nesse campo deve haver parcerias, e não rivalidades.

Suporte Médico e de Enfermagem: do ponto de vista médico, sugere-se pelo menos, suporte clínico e psiquiátrico. Suporte clínico para realização de exames e acompanhamento de eventuais comorbidades que estejam associadas diretamente ao quadro, tais como gastrites, úlceras, enfisema pulmonar, cânceres, infartos, derrames cerebrais, e aquelas anteriores ao quadro, tais como hipertensão arterial, diabetes, asma, etc. E suporte psiquiátrico para o acompanhamento dos quadros de dependência química, incluindo diagnóstico e tratamento de comorbidades psiquiátricas.

Estatísticas apontam para a presença de até 50% de transtornos psiquiátricos associados aos quadros de Dependência Química, que acabam sendo sub-diagnosticados pela ausência de formação especializada para se lidar com este problema. Dentre tais comorbidades psiquiátricas incluem-se quadros de esquizofrenia, de transtorno bipolar, quadros de ansiedade, depressão, déficit de atenção e hiperatividade, quadros demenciais, déficits de desenvolvimento psicomotor, distúrbios do sono, do interesse sexual, transtornos de personalidade, dentre outros.

Em relação à Enfermagem, é na internação, principalmente, quer em hospital-dia, hospital geral ou instituição psiquiátrica, quer seja ela de curta, média ou longa permanência, que se destaca o papel deste profissional. É nesse contexto, sobretudo, embora o valor do acompanhamento de certos casos em situações ambulatoriais, é que a função de favorecer a interdisciplinaridade realizada por estes profissionais se mostra fundamental.

O cuidado com o paciente pela equipe de Enfermagem, e a integração dos cuidados de outros profissionais, neste sentido, tem papel de suma importância, e se expressa desde a criação do vínculo com o paciente, através das rotinas e cuidados formais na assistência, quanto à prevenção de outras doenças e acidentes, medidas de reabilitação, que incluem o tratamento de feridas e outras sequelas oriundas de momentos de insanidade dos pacientes, e também a conferência do uso regular da medicação e medidas de psicoeducação do paciente e da família.

Suporte Psicológico, Terapia Ocupacional, Assistência Social e áreas afins: observa-se, cada vez mais, a crescente valorização de cada uma destas profissões no cuidado interdisciplinar e na reabilitação do paciente dependente químico. Em minha prática, sobretudo no seguimento ambulatorial, a Psicologia tem sido grande parceira na condução dos casos. Já em casos de internação, em que as complicações psicossociais alcançam níveis mais graves, a reabilitação dos pacientes através das atividades em grupo e individuais dos terapeutas ocupacionais tem se mostrado grandes aliadas no processo de reinserção social, facilitando a elaboração das experiências e a reativação de vínculos com as famílias em patamares menos insalubres, além de inúmeros outros benefícios.

O engajamento dos profissionais de Assistência Social, por sua vez, na avaliação dos casos de filantropia, de alta vulnerabilidade social, na reintegração e reinserção social progressiva dos pacientes, no auxílio em relação a questões periciais e jurídicas tem enriquecido muito o trabalho neste contexto.

Suporte de Grupos de Ajuda Mútua: No tratamento da dependência química o voluntariado, e a experiência de grupo motivada pelo voluntariado, guardadas as suas devidas proporções, se mostram grandes aliadas na reinserção do indivíduo, assumindo muitas vezes o lugar de uma poderosa e demarcadora ponte que delimita o passado e o futuro do paciente.

Passado esse, não raro, já definido com níveis bem graves de desagregação psicossocial. Assim, o grupo oferece-lhe um sentimento de conforto e fortalecimento, inclusive em campo espiritual, premissa de muitos destes organismos de ajuda. Isso se dá, muitas vezes, através dos mecanismos da identificação, projeção e aconselhamento recíproco nos processos de testemunho e confissão pessoal.

Citamos aqui alguns dos grupos mais conhecidos, quais sejam: Alcoólicos Anônimos, ou A.A, cuja extensão à abordagem das famílias se dá no grupo Al-Anon; o Narcóticos Anônimos, cuja extensão às famílias se dá através do Nar-Anon; e o Grupo Amor Exigente, que tem colaborado com muitas famílias em relação à reeducação dos vínculos familiares, favorecendo a mudança do padrão de ***codependência*** das mesmas. O conceito de ***codependência*** e os seus desdobramentos, a meu ver, deve ser bem compreendido pelos familiares de qualquer paciente identificado no campo da Dependência Química, já que muitas vezes, é o familiar, e não só o paciente, o elo frágil da corrente de ajuda. Os codependentes, em resumo, são os dependentes dos dependentes. Dizem que cuidam por amar, mas na verdade estão viciados neste emaranhamento doentio do cuidar sem critério e discernimento. Supõem que os dependentes não saberiam viver sem eles, mas, no fundo, são eles que não conseguem viver sem os seus dependentes.

Suporte Espiritual: A abordagem da espiritualidade deve ser feita visando a integração deste aspecto no processo do tratamento do paciente e da família, respeitando as crenças e as predisposições às crenças de cada indivíduo e de seus familiares. Há contextos em que a família é mais aberta a outras abordagens, e há casos em que o paciente o é. De toda forma, o mais importante, é a atitude de empatia e respeito pelo profissional, que mesmo tendo suas crenças, deverá, sempre, manter como foco o interesse clínico na manifestação de Espiritualidade do paciente, e não na sua.

Conclusão

Em *relação ao paciente*, num primeiro momento, sugere-se uma avaliação psiquiátrica e acompanhamento psicológico. Muitas vezes essa avaliação é seguida de uma avaliação clínica mais minuciosa, através de exames ou consultas especializadas, segundo o padrão de possíveis co-morbidades suspeitas em cada caso.

A Testagem Neuropsicológica é, às vezes, um desdobramento natural da Avaliação Psicológica ou Psiquiátrica inicial. O suporte de grupo, segundo o interesse e o nível de identificação do paciente, tem sido sugerido ao mesmo. Além disso, a frequência a mais de um grupo em diferentes locais e horários pode facilitar a diluição do processo de resistência que às vezes surge na frequência inicial às reuniões, além de ser uma forma de avaliação do grau de motivação do paciente e da família na busca de orientação e auxílio.

O suporte espiritual é feito segundo critérios médicos de abordagem da Espiritualidade do Paciente, com ênfase no *"coping* positivo", ou "suporte positivo", se traduzirmos de forma mais resumida, que este elemento possa agregar ao processo terapêutico de cada paciente, como conceituação proposta no primeiro capítulo desta obra.

Em relação às famílias, tenho sugerido, de início, a frequência a grupos de ajuda, para que se livrem, mais rapidamente, dos mecanismos mais primordiais da hipnose familiar, através da experiência de *insight* coletivo que as dinâmicas dos grupos podem proporcionar. E, a partir daí, com novas impressões colhidas, em sessões seguintes, indica-se, ou não, segundo a necessidade de cada caso, terapias individuais ou de grupo, de casal ou de família, frequência a grupos de ajuda específicos, etc.

Além disso, que seja dado início ou que se aprofunde o aspecto da Espiritualidade, quando ele já existe, segundo a orientação religiosa ou predisposição da família a este item, de acordo com cada caso. E, também, a frequência a médicos psiquiatras e clínicos, segundo a necessidade de cada familiar.

Não é incomum que haja quadros de dependência química já cronicamente instalados na família de um paciente ou outros que estejam se iniciando, em paralelo ao que já está sendo atendido. Além disso, não raro, há casos de comorbidades psiquiátricas presentes, mas ainda não claramente diagnosticadas, entre os parentes daquele indivíduo que ora se apresenta como foco de nossas principais atenções.

Em suma, pode-se dizer que este texto propõe um processo de inserção do paciente num novo circuito de vida, em que ocorra a substituição do Ciclo do Vício pelo Ciclo do Hábito, e, assim, a quebra de um circuito vicioso e degradante por um circuito virtuoso, sadio, de ressocialização e de espiritualização, que possa estimular as potências múltiplas do indivíduo, de acordo com sua capacidade de desenvolvimento e renovação na presente existência.

Ao longo do tempo transcorrido entre a teoria e a prática, o que tenho observado é que seriam estas as "cartas do baralho", sendo que alguns indivíduos são mais ou menos bem- sucedidos, jogando com apenas uma, e outros, sem conseguir um sucesso sustentado mesmo, aparentemente, valendo-se de todas as cartas. Existem, ainda, na dinâmica de cada uma destas formas de suporte, aspectos motivacionais que são muito importantes de serem abordados, mas não abrangem o escopo deste capítulo. Cada um deverá se valer das cartas que se adequem melhor ao seu perfil, para alcançar os melhores resultados numa dinâmica bio-psico-socio-espiritual.

Nesse aspecto, acredito, tudo isso deve deve ser feito segundo as orientações do próprio Cristo, que sugeriu calma e prudência em relação à condução do processo de renovação em vida de cada um, pois, em colocação pertinente ao tema, destacou: "E ninguém deita vinho novo em odres velhos; de outra sorte o vinho novo romperá os odres, e entornar-se-á o vinho, e os odres se estragarão; "Mas o vinho novo deve deitar-se em odres novos, e ambos juntamente se conservarão." (Lucas 5:37-38).

EXERCÍCIO 6 – COMO POSSO SER MAIS ÚTIL?

Gostaria, agora, de convidar o(a) leitor(a) a refletir, com o coração e o cérebro, não apenas com um ou com o outro, sobre formas de mudar seu comportamento adotando hábitos positivos, que possam lhe trazer felicidade e paz. Uma atividade voluntária? Alguma outra forma de ativismo? Iniciar algo novo? Participar de alguma atividade que já está em andamento em um centro religioso ou em alguma organização não governamental? Leitor(a), qual é a sua causa? Qual é o seu legado? Você já parou para pensar nisso? Qual é a marca que você quer deixar neste universo?

CAPÍTULO 7

O Budismo e a Roda da Vida Arquétipos coletivos, universos paralelos e as compulsões humanas

Tudo o que somos hoje é resultado
do que temos pensado. Se um homem fala
ou age com uma mente impura, o sofrimento
o acompanha tão de perto como a roda
segue a pata do boi que puxa o carro.
(Sabedoria Budista – autor desconhecido)

Introdução

A partir de agora, iniciaremos um dos capítulos mais extensos desta obra, pois, por questões didáticas, achei conveniente não dividir em dois, como fiz anteriormente em relação a outros assuntos. Adentraremos o território da espiritualidade oriental estudando a interface entre a Psiquiatria, o Budismo e alguns aspectos da Dependência Química.

O Budismo hoje é uma religião com mais de 400 milhões de seguidores no mundo. Segundo alguns, nas palavras de Dalai Lama, o Budismo tem sido compreendido não como uma religião, mas como uma filosofia da mente.

Buda, nascido aproximadamente por volta de 563 A.C. a 483 A.C., teria sido um príncipe que abandonou toda a convenção de seu reino para buscar a sabedoria, através de uma vida de desapego e pobreza. E a palavra "buda" teria o significado de "aquele que despertou".

Tem sido cada vez mais comum, historicamente, o Ocidente ir buscar inspiração nas fontes substanciosas da Sabedoria Oriental.

Observa-se tal fenômeno nas artes, na literatura, na Psicologia, na Filosofia, e atualmente, uma forte tendência de grandes empresários e empreendedores irem buscar *insights* para uma nova forma de ver a vida, através da convivência nos monastérios com líderes espirituais da Terra do Sol Nascente.

Na música, por exemplo, é bem conhecida o interesse dos Beatles pela cultura oriental e as várias influências deste universo sobre o comportamento de John Lennon e Ioko, bem como na sua própria musicalidade.

Na Filosofia, Schopenhauer parece ter sido um dos primeiros filósofos do ocidente a assumir a forte influência do pensamento oriental sobre seus escritos, chegando, consequentemente, inclusive, a influenciar vários outros pensadores, dentre eles, Karl Jaspers, um dos pais da psicopatologia.

Interfaces com a psiquiatria

A Psicopatologia, para aqueles que não sabem, é uma das principais disciplinas na formação de um profissional da área de saúde mental, em especial dos psicólogos e psiquiatras. Através dela, pode-se estudar de um ponto de vista fenomenológico a mente. Isso significa, em breves palavras, tornar a mente e seus sintomas um foco de estudo objetivo, suspendendo-se o juízo do observador a respeito dos conteúdos a serem estudados.

Karl Jaspers é um dos principais nomes da psicopatologia moderna, motivo pelo qual estamos citando-o neste contexto de interface entre o Budismo, a Dependência Química e a Espiritualidade.

Para Karl Jaspers, por exemplo, "a filosofia tem origem em 3 lugares distintos no mundo: China, Índia, Grécia".

Ainda se mostra pertinente um pronunciamento de Jaspers sobre a profícua corrente filosófica oriental, num processo que nos parece apontar para um salto quântico de criatividade naquele povo: "Foi um tempo de uma densidade extraordinária. Na China viviam Confúcio e Lao-Tsé, e surgiram também todas as correntes da filosofia chinesa... Buda nascia, na Índia, surgiam as Upanishads, e se desenvolviam as mais diferentes escolas filosóficas, tais possíveis, tais como: na China o ceticismo, o materialismo, a sofistica e o niilismo... Tudo o que se relaciona com esses nomes se desenvolveu nesses poucos séculos, ao mesmo tempo, na China, na Índia e o ocidente, sem que houvesse conhecimento mútuo" (Citado em Redyson, 2010 - grifos nossos).

Na Física, por exemplo, encontra-se Niels Bohr como comentado anteriormente, um grande interessado em Cultura Oriental, buscando *insights* nesta fonte imensa de conhecimentos sobre a natureza para as suas teorias na Física Quântica. E, além dele, Albert Einstein apresenta vasta troca de cartas com Tagore, poeta indiano prêmio Nobel em Literatura, com comentários bastante intrigantes a respeito do papel do cientista e do artista na cultura.

Destaco um breve trecho desta correspondência a seguir: "Todo esforço cultural, seja ele religioso ou científico, atinge o cerne da psique interior e tem como objetivo a libertação do Ego – não o Ego indivíduo sozinho, mas também o Ego massa da Humanidade".

Na própria psiquiatria, Carl Gustav Jung chegou a ter contato com inúmeros símbolos do Oriente, e toda a sua obra encontramos referências a aspectos de Espiritualidade na identificação do homem com as Mandalas e a sua função psíquica, e suas leituras do Cristo como o Arquétipo do Si-mesmo, por exemplo. O envolvimento dele com o estudo do I-Ching e outros simbólicos fulcros da sabedoria milenar são patentes.

Atualmente veem-se obras fazerem grande sucesso abordando a interface entre a Espiritualidade e o Empreendedorismo, como uma aproximação de interesses de progresso no campo material e espiritual.

Não são, neste contexto, desconhecidos os casos de empresários e empresárias de grande sucesso que buscam instancias de refazimento e meditação no oriente e outros recantos paradisíacos, no afã de se reabastecerem no campo psíquico e emocional.

Quando não, em busca mesmo de uma nova forma de viver, quando amplamente exauridos e ressequidos se apresentam pela mera busca de destaque sucesso e conforto material. Muitas vezes, a ida para o Oriente simboliza mesmo uma busca de Orientação e ressignificação da vida, tantas vezes já bastante esvaziada de sentido e plena de adoecimentos em nível físico, emocional, social, familiar e também espiritual, apresentando mesmo o "ponto de mutação" em suas vidas.

A filosofia da mente e a visão de mundo budista

O(a) leitor(a) deverá se lembrar do tópico do capítulo 5 em que citamos as 3 possibilidades, do ponto de vista filosófico, para o estudo da mente. Caso não se lembre, sugiro que retome este tópico antes de dar continuidade a leitura deste capítulo.

De acordo com a Filosofia da Mente, então, haveria as possibilidades do MONISMO MATERIALISTA, do DUALISMO ESPIRITUALISTA, e uma terceira, a do MONISMO ESPIRITUALISTA.

Cabe, antes de tudo, deixar claro que, a meu ver, o estudo do Budismo se tornará impossível diante de uma visão meramente Monista e Materialista. É possível que a visão Espiritualista – quer Monista, quer Dualista – aproximem mais da possibilidade de entendimento do paradigma conceitual e vivencial dos ensinamentos budistas, em relação à compreensão da realidade e da própria psiquiatria, no âmbito do estudo da dependência química e da espiritualidade.

Breve história de Sidarta Gautama

Não cabe aqui rever a história pormenorizada de Sidarta Gautama. Porém, em um breve resumo, lembrar alguns pontos principais de sua trajetória na Terra, segundo a visão de alguns de seus estudiosos.

Conta-se que ele era um príncipe que viveu entre o séc. V e VI a.C. enclausurado em seu palácio, sem conhecer as mazelas de seu povo. E que, de certa feita, teve a oportunidade de sair e conhecer a dor e a pobreza.

A partir daí viu-se imerso em uma profunda crise espiritual e de valores, chegando a caminhos de extremo ascetismo em busca das Verdades da Existência. Teria chegado as chamadas 4 nobres verdades de Buda. Quais sejam:

1) A Verdade Nobre que está sofrendo;
2) "A Verdade Nobre que é o surgimento do sofrimento;
3) "A Verdade Nobre que é o fim do sofrimento;
4) "A Verdade Nobre que produz o caminho para o fim do sofrimento". (Conhecido como o Nobre caminho óctuplo)

O nobre caminho óctuplo, por sua vez, se divide em 8 ensinamentos que ajudariam o homem a sair do sofrimento. Seriam em resumo:

1) A visão correta, ou seja, ver a vida como ela é, e não como parece ser.
2) A intenção correta, ou seja, clareza por traz das ações.
3) A fala correta: ou seja, buscar ser claro na expressividade verbal, assertivo, cuidando de ser pacífico.
4) A ação correta, ou seja, agir de forma pacífica e construtiva;

5) viver corretamente, de forma pacífica e coerente;
6) o esforço correto, visando a própria melhoria;
7) atenção correta, para dentro e fora de si, em desapego em relação a desejos e aversões, por exemplo.
8) concentração correta, que se manifesta na busca pela meditação.

Fonte: <https://pt.wikipedia.org/wiki/Nobre_Caminho_%C3%93ctuplo>.

Observamos que todos os itens acima encontram alguma ressonância em tópicos já levantados em outros capítulos com relação à espiritualidade humana e ao comportamento humano em relação à saúde individual e coletiva, num contexto sistêmico.

Entre a psiquiatria e o sofrimento

Diante destas 4 nobres verdades, observo a causa de muitos dos sofrimentos atendidos no meu consultório. Pessoas com dificuldades de aceitar que estão sofrendo, ativando o mecanismo de defesa da negação, por exemplo. Pessoas com tendência a negar, também, fingindo não enxergar a causa de seu sofrimento. Outros indivíduos com a crença firme de que o seu sofrimento não irá nunca acabar, vivendo um luto eterno, e por outro lado, aqueles que acreditam não conseguir trilhar o caminho que já conseguem enxergar para alcançar o fim de seu sofrimento.

Naturalmente, isso acaba repercutindo sobre a sua vida, comprometendo-lhes a capacidade de ver, agir, falar viver, se esforçar e se concentrar de forma mais reta, encurtando os seus passos na direção de um estado mais confortável, do ponto de vista psíquico, na sua própria vida.

Além desse núcleo teórico, existe também um profundo simbolismo na mandala conhecida como "A Roda da Vida".

Uma outra psiquiatra escreveu a sua biografia inspirada neste arquétipo. Ela dividiu sua vida em quatro fases, arquetipicamente chamadas de Fase Rato, Fase Urso, Fase Búfalo e Fase Águia. Acredito que essas metáforas ajudam a simbolizar e elaborar melhor os períodos da vida, com seus ciclos mais típicos, e favorecendo a tomada de consciência individual em relação ao próprio processo de individuação.

Não irei aqui detalhar tais fases, mas convido o(a) leitor(a) a refletir sobre os seus ciclos de vida e a pensar, numa linguagem simbólica, qual o animal que estaria definindo metaforicamente esta fase de sua vida, e quais as lições e características deste animal possam estar favorecendo ou dificultando a jornada do(a) leitor(a).

Além disso, essa autora, ficou mundialmente famosa também sobre seus estudos sobre a morte e o morrer. Trata-se de Elizabeth Kubller-Ross.

Neste aspecto do luto, trabalhando anos com doentes terminais, ela identificou que as pessoas passam por cinco fases diante da experiência do luto, que pode ser a iminência da morte ou mesmo ao lidar com situações difíceis, como o término de um relacionamento, por exemplo. São essas as 5 fases: A Negação, a Raiva, A Barganha, A Depressão, a Aceitação.

Na negação, a pessoa tende a negar a ocorrência, negando a realidade. Diante da permanência da situação, ela tende a manifestar sentimentos de raiva, em geral projetados contra a situação ou alguém que lhe represente ou seja próximo. Quando também observa sua dificuldade em mudar o contexto, tende a barganhar com a vida, com Deus, etc, buscando uma solução intermediária. Nessa fase são comuns as promessas, por exemplo. Em seguida, passa-se, em geral, pela fase da depressão, em que o indivíduo tende a se entristecer, mas ao mesmo tempo se fortalecendo para passar para a fase seguinte, que fecha o ciclo através da aceitação. Naturalmente que cada caso é um caso, e que pessoas diferentes passam pela experiência do luto de várias formas, mas essa foi uma matriz do comportamento humano que ela conseguiu mapear e que ajuda muitas pessoas a tornar mais consciente o seu processo de sofrimento diante da morte, facilitando a sua própria recuperação.

No universo da Dependência Química, há vários momentos em que os indivíduos recorrem às drogas como forma de negar à realidade em que vivem. Sentem as vezes indignados coma pobreza, com a própria aparência, com as situações que os desafiam. Se comportam como mortos-vivos, vegetando e negando os desafios que a vida lhes impõe.

Há outros em que estagiam na raiva. Tem raiva de seu passado, de seu marido, de sua mulher, do patrão. Não elaboram seus sentimentos e continuam tomando veneno como forma de vingarem-se dos outros, mas acreditando que os outros é que vão morrer, e acabam se enganando a si mesmos, decepcionando-se com os resultados.

Há, ainda aqueles que usam as substancias como forma de chamar a atenção, de serem ouvidos, de tentarem virar tema da conversa de seus afetos, pais, parentes, filhos, etc. Usam as drogas e o álcool como forma de barganha.

Aqueles, ainda, em que o uso está associado a sentimentos de depressão, baixa autoestima, desesperança com a vida, perda de sentido e significado. São os casos que usam as drogas no luto da depressão.

Roda da vida e o budismo: em busca de uma psiquiatria transdimensional

Mas, vamos voltar ao estudo da roda da vida budista. Observe que esta mandala nos revela 6 Reinos do Universo

Humano, que se apresentam, a meu ver, como verdadeiros arquétipos coletivos, determinando possíveis formas de se viver, enquanto se experimenta a realidade da existência humana.

A configuração da mandala pode ser vista na figura abaixo (Figura 7.1) e seus principais elementos são:

Figura 7.1 – A Roda da Vida, segundo o Budismo Tibetano

Fonte: <http://serluminoso.blogspot.com.br/2010/12/roda-da-vida.html>. Acesso em 20 de outubro de 2015.

- YAMA, o "SENHOR DA MORTE", conhecido como o guardião da Roda da Vida. Sua função seria vigiar as correntes da existência fenomênica no mundo da ilusão, conhecida como o SAMSARA.
- Os homens que aí estivessem viveriam no seio da ilusão, chamada de "MAYA"
- De acordo com a Roda da Vida, seriam 6 os possíveis modos de existência na realidade humana, a se expressarem em Reinos. A saber:

  – O Reino dos Deuses
  – O Reino dos Demônios
  – O Reino dos Homens
  – O Reino dos Animais
  – O Reino dos "Fantasmas Esfomeados"
  – O Reino dos "Moradores do Inferno"

- Os 6 Reinos são envolvidos por corrente de 12 NIDANAS, ou ELOS DA CADEIA DA ILUSÃO.
- Segundo alguns estudiosos, esta Roda seria movida pelo Egoísmo, a se expressarem no arquétipo de 3 animais: O Galo, o Javali e a Serpente.

  – O GALO evocando os sentimentos de Desejo, Paixão, Posse;
  – A SERPENTE atrelada aos sentimentos de Ódio, Raiva.
  – JAVALI OU PORCO – manifestando a Ignorância

- E externamente à Roda, a figura de Buda, auxiliando os homens a saírem de Maya, alcançando a libertação espiritual através do Nirvana.

Além disso, existe a chamada *senda da bem-aventurança*, representada pelo semiarco branco em torno do núcleo da roda, que representa a caminhada na vida do carma para o dharma, ou seja, do sofrimento para a anulação do sofrimento. E no semiarco oposto, a chamada *senda escura,* em que o indivíduo pode fazer o caminho inverso.

Dualmente essa é uma síntese arquetípica coletiva que reflete a vida de inúmeras pessoas. Uma caminhada cheia de possibilidades que culmina no pântano do sofrimento e da ilusão, devido às más escolhas feitas pelo indivíduo, por um lado, e um caminho que se inicia cheio da dificuldade, mas que, pelas sábias escolhas e os esforços feitos por um determinado indivíduo, culmina com horizontes mais amplos, e estados de maior bem-estar e realização, ainda que as dificuldades continuem, elas passam a ser encaradas de um outro ponto de vista.

Por tudo isso, ocorre-me diariamente, inúmeras reflexões em torno desta Roda e a sabedoria budista enquanto atendo meus clientes no consultório.

Além desses aspectos, observo que tais contextos abrem novas possibilidades de classificação psiquiátrica, numa perspectiva transdimensional, entre o budismo, a saúde e o sofrimento mental.

A síndrome da serpente: transtornos mentais no espectro do ódio (Figura 7.2)

Figura 7.2 – A serpente como símbolo do espectro do ódio

Fonte: <http://www.herpetofauna.com.br/SnakeFood.htm>.

Quantas causas de sofrimento humano não são devidas ao ódio em grau superlativo e minimizado? Quanto dor a martirizar a existência devido às dificuldades em aceitar a traição do cônjuge, sofrimentos parentais de filhos que se viram assassinados em contextos de devassidão?

Quantos ódios camuflados contra os pais, a sociedade, o próprio corpo, e contra Deus, e outros objetos pulsionais a se manifestarem em processos de adoecimento mental, pela via das neuroses, psicoses e comportamentos psicopáticos? A revolta contra a sociedade diante da dificuldade de se aceitar a própria condição social, ou o mesmo sentimento de revolta diante de um diagnóstico de doença incurável, por exemplo? Não estariam aqui os casos de misantropia e dos matadores em série que atormentam a paz social?

Sobre a síndrome do galo – os espectros do sofrimento atrelados ao desejo e à cobiça (Figura 7.3)

Figura 7.3 – Sobre a síndrome do galo – os espectros do sofrimento atrelados ao desejo e à cobiça

Fonte: <http://www.ascpeacrs.com.br/dicas/ver/8/a-prepotencia-do-galo>.

Quanta mágoa guardada no coração por aqueles que odeiam por terem sido em algum dia roubados em suas posses?

Quantos dramas devido ao problema do apego? Quantos lares desfeitos e refeitos sob mazelas a partir da faísca incendiada da cobiça e do desejo? Quantas separações motivadas por esses sentimentos humanos que perpetuam ciclos de reencarnação, ódio, rancor e desrespeito? Quantas mortes pelo desejo? Quanta violência por se cobiçar aquilo de que não se pode possuir, mas se quer a todo custo? Quantos problemas decorrentes do apego a uma substância, álcool ou outras drogas? Quantos dramas familiares decorrentes dos problemas da Herança e do Inventário? Quantos quadros de depressão reativa e esvaziamento de sentido atrelados a casamentos construídos sobre as bases do interesse genuinamente material, financeiro?

Sobre a síndrome do javali – o espectro da ignorância (Figura 7.4)

Quantos casos de sofrimento e transtornos mental agravados ou ocasionados pelo fantasma do medo, da superstição, que são filhos da ignorância? Quantos dramas eternizados pela falta de conhecimento de si mesmo? Quanta alienação mental sustentada pela depravação, a subcultura e o lixos midiáticos-televisivos? Quanta manipulação mantida em bases do apelo às emoções através de disputas esportivas que criam um falso senso de unidade e coletividade? Quanta manipulação da boa vontade e da fé baseada na singeleza e simplicidade da crença?

Figura 7.4 – O javali como símbolo do Espectro da Ignorância

Fonte: <www.orc.com.brnovoagro negociojavali-virou-praga-no-brasil.html>.

Se por um lado Buda manifestou tanta sabedoria através dos símbolos, o seu saber dialoga com máximas do Cristo que reforçam as consequências negativas da Ignorância: "cego que guia cego, ambos caem no buraco". (Mateus, 15:14).

E, por outro lado, apresentam uma proposta profilática para que o espírito encontre a verdadeira libertação de seus clichês mentais aprisionadores de sua liberdade mental, moral e espiritual: "Conhecereis a verdade e ela vos libertará" (João, 8:32).

A Roda da Vida e os 10 mandamentos

Desta forma, numa perspectiva de Espiritualidade, tenta-se demonstrar um perfeito diálogo entre a Roda da Vida e os 10 mandamentos, por exemplo, quando o Ódio, enquanto arquétipo simbolizado pela serpente, estaria entrelaçado com o mandamento de "não matar".

Ao mesmo tempo em que o Galo, incorporando o arquétipo do Desejo e da Posse, se emaranha quanticamente com as orientações de "não desejar, não cobiçar, não roubar".

E a antítese da Ignorância a se expressar na importância do sábado, como fonte de edificação da cultura e do espírito e no mandamento de adoração a Deus.

Jung e os 6 reinos da existência: 3 pares entrelaçados (Figura 7.5)

Diante dos 6 reinos da existência segundo a Roda da Vida do Budismo Tibetano, percebe-se que, na verdade, eles podem, numa perspectiva da psicologia analítica, serem interpretados como arquétipos, padrões que revelam matrizes coletivas da própria Natureza, no que tange à existência humana.

Além disso, eles se posicionam dialeticamente na Roda, estabelecendo pares conjugados que formam um padrão de emaranhamento que subentende uma hierarquia entrelaçada.

Cada um dos Reinos, de acordo com o que tenho visto, revela atrelado ao seu par, a síntese de uma força unida pelos seus opostos, em franca dualidade.

Assim, temos os pares:

1) Reino dos Deuses e Moradores do Inferno – e o eixo da ESPIRITUALIDADE
   Tema: Queda e Ascenção
2) Reino dos Titãs e Fantasmas Esfomeados – e o eixo da ORDEM
   Tema: Disciplina e Compulsões
3) Reino dos Homens e Reino dos Animais – e o eixo do TRABALHO
   Tema: Empreendedorismo e Escravidão.

Na figura, então, essas dualidades, entre a luz e a sombra, ficariam assim:

Figura 7.5 – A Roda da Vida e os três Eixos da Experiência Humana

Fonte: <http://serluminoso.blogspot.com.br/2010/12/roda-da-vida.html>. Acesso em 20 de outubro de 2015. (Modificada pelo autor)

Entre o céu e o inferno: do reino dos deuses aos moradores dos infernos – em busca da espiritualidade

Na Dualidade entre o Reino dos Deuses e os Moradores dos Infernos, tem-se o arquétipo da ESPIRITUALIDADE (Tabela 7.1).

A Espiritualidade, enquanto força da *psique* coletiva a definir o eixo em torno do qual o livre-arbítrio de um grupo enorme de criaturas no corpo e fora dele vai gravitar. Este eixo representa também a gravitação que vai do polo do Ódio, ao polo do Amor.

Muitas vidas são marcadas por sentimentos atreladas a este discurso, percurso, intercurso. Ora pela busca de Deus, ora pela negação de Deus, ora pela blasfêmia, ora pela crença. E assim, muitas vezes, apegados a esses aspectos da Vida, a consciência pode se eternizar no ciclo das reencarnações sucessivas, deleitando-se nos estados de êxtase e beatitude ou afundando-se no abismo da melancolia sem fim, entre a QUEDA e a ASCENSÃO recorrentes.

Assim, estados típicos do Reino dos Deuses, sentimentos e experiência da alma seriam o Êxtase, a Beatitude, o Prazer Espiritual e de Bem-Aventurança, por exemplo.

Tabela 7.1 – O par entrelaçado: Espiritualidade/"não-espiritualidade"	
Reino dos Deuses	Reino dos Infernos
Êxtase Beatitude Prazer Espiritual Bem-Aventurança	Angústia Melancolia Medo profundo Estados suicidas e psicóticos graves

Por outro lado, estados do Reino dos Infernos seriam a Angústia Profunda, a Melancolia, o Medo profundo, os estados suicidas e psicóticos graves. (Tabela 7.1)

Entre o servo e o patrão: caminhos para as leis do trabalho

> "Êeh ôoh, vida de gado, povo marcado, povo feliz"!
> (Zé Ramalho)

Já na dicotomia que se estabelece entre o Reino dos Homens e o Reino dos Animais, observam-se as questões relativas ao mundo do trabalho, dos negócios, do CPF de um lado e do CNPJ, do outro. A velha questão entre a pessoa física e a pessoa jurídica (Tabela 7.2).

Na História da Humanidade muito se viu a respeito das relações de trabalho que iniciaram com a servidão, no mundo feudal e que culminaram no absurdo da escravidão. Tais relações tendem a alcançar o equilíbrio entre os benefícios para o grupo dos empresários e donos, de um lado, e para o grupo dos trabalhadores e funcionários, de outro.

Muitos transtornos mentais tem a sua origem, ou o seu desencadeamento relacionado a distúrbios no trabalho. "Muita pressão", "sem férias há alguns anos", "muito estresse", são expressões que coroam os distúrbios de ansiedade e estresse relacionados ao ajustamento a contextos muito exigentes.

Síndromes como o "burnout" (quadros graves de estresse devido associados a alta sobrecarga de trabalho) são meras adaptações contemporâneas do arquétipo traduzido por este eixo. Síndromes de abandono do lar em nome da empresa, ausência da figura paterna – e mais recentemente na história, da materna também – e suas deletérias consequências sobre a formação da personalidade infantil podem ter a sua gênese explicada aqui, nos excessos em busca destas polaridades.

Dois grupos hoje têm sofrido muito, segundo a minha prática, o colapso do modelo atual, e se apresentam como verdadeiras válvulas de escape da panela de pressão do estresse coletivo hodierno. Um deles é o grupo dos motoristas, com amplo repertório de síndromes psiquiátricas manifestas em seu dia a dia. Eles são a metáfora, o reflexo do estresse que culmina com o infarto cardíaco. As vias rodoviárias das grandes cidades estão também se entupindo e colapsando nos congestionamentos urbanos. Não há políticas de incentivo ao trem, e ao metro, que poderiam unificar o país de forma continental, segura e barata, com menores taxas e despesas para todos.

E o outro grupo, os trabalhadores menos bem remunerados dos serviços de "telemarketing". Mundo obstipado nas vias de transito, obstipação nas linhas telefônicas. Retenção de ligações no mundo do tráfego e no mundo das telecomunicações.

De um lado, busca por ganhos escusos, sobrevalorização de lucros, e a riqueza erguida sobre a mazela de muitos. De outro, o proletário alienado, triste e inseguro para cuidar de sua família em suas necessidades mais básicas.

Hoje, formas de escravidão são judicialmente condenadas, mas existem regimes de trabalho que são formas camufladas de processos escravocratas. A sociedade avança, as domésticas hoje são cada vez mais reconhecidas, sobretudo nos países considerados mais desenvolvidos.

Observa-se, ao mesmo tempo, tanto nos países desenvolvidos quanto nos subdesenvolvidos surgirem, cada vez mais, olhares e movimentos de ativismo em relação a essas necessidades mais primordiais de locais ainda com traços bem fortes de subdesenvolvimento.

Dentre os sentimentos atrelados à experiência da consciência no Reino dos Homens, estão as expectativas de crescimento material, os propósitos de realização na vida, o desenvolvimento da carreira profissional, as possibilidades de trabalho, em suma do Empreendedorismo.

Tabela 7.2 O par entrelaçado: "Trabalho"/"Não-trabalhar"	
Reino dos Homens	Reino dos Animais
Propósitos Possibilidades Aspirações	Instintos Sobrevivência Autopreservação

Por outro lado, as experiências atreladas ao Reino dos Animais envolvem vivencias de solidão, preservação e autopreservação, com predomínio dos instintos de fome, sede e sexo, por exemplo. Aqui, menos possibilidades de crescimento, restrição de carreira, etc. Marcos da escravização do psiquismo coletivo ao servilismo.

Podemos compreender que o Empreendedorismo mais rudimentar se ergue sobre as bases da escravidão, e, em bases de educação, promoção de saúde espiritualidade e paz para o Terceiro milênio, o Empreendedorismo deverá ser mais voltado para a conservação do Homem, da Natureza e das relações entre o Cosmos e a Criatura sem apego à posse e ao poder.

Neste sentido encontram-se as graves crises de identidade naqueles que, por muito terem, começam a confundir o que são com o que têm, por um lado. E aqueles que passam a sofrer por se acharem menos, por não ter. Dilemas do consumo da atualidade se enquadram, nas mais variadas nuances neste quesito e abrem a janela para a compreensão de uma válvula de escape de funcionamento de um outro eixo, o da ORDEM, em que vemos a oscilação entre a Compulsão e a Disciplina.

Do amor à liberdade à liberdade do amor

No último eixo humano revelado pela Roda da Vida, encontra-se a dualidade entre a Disciplina e as Compulsões, ou indisciplinas de toda ordem. Em geral, observa-se, do ponto de vista psiquiátrico, síndromes atreladas à compulsão pelas drogas, à compulsão alimentar, nas mais variadas formas de obesidade, e a compulsão pela dieta, nos transtornos alimentares da bulimia, da anorexia, por exemplo. Além delas, as compulsões sexuais, que denotam a viciação do circuito do prazer cerebral.

Se no Eixo do TRABALHO a pulsão predominante, numa perspectiva freudiana, é a de vida, a força Eros, neste eixo a pulsão predominante é a de morte: a força Thanatos, ou força da Destruição.

Em nome do autoamor defendido na superfície, manifesto pelo chavão "eu mereço", manifestam-se, nas profundezas, a vocação para as vivências da autodestruição, da mutilação, do autoextermínio e da agressividade contra terceiros.

As experiências patológicas aqui estão atreladas a sentimentos de Luxúria e Carências de um lado, projetadas nos comportamentos adictivos e compulsivos, e, por outro lado, os excessos de manipulação e abusos de poder, com comportamentos marcados pela animosidade, pela disputa, a inveja e a violência, o ciúme a sedução (Tabela 7.3).

As Forças Armadas, em todos os tempos, desde o xerife do velho oeste e o guerreiro de uma tribo, até as cúpulas do Pentágono norte americano podem ser compreendidas como a expressão arquetípica da Ordem, em contraposição às chamadas manifestações subversivas dos anarquistas e "hippies" de todos os tempos, que estariam arquetipicamente enquadrados no polo oposto.

Tabela 7.3
O par entrelaçado: "Disciplina"/"Não-disciplina"

Reino dos Fantasmas Esfomeados	Reino dos Titãs
Luxúria	Violência
Carências	Inveja
Adicções/Compulsões	Ciúme/Sedução
Anarquia	Disputa/Animosidade

Em busca do nirvana e da saúde integral: entre o ecstasy e o êxtase – reflexoes sobre a dependência química e o circuito do prazer cerebral

Acredito que uma das formas de se solucionar a questão das compulsões são os exercícios de autodisciplina, também atrelados às buscas espirituais autênticas.

Suspeito, do ponto de vista do funcionamento do cérebro, que há dualidade também na forma de se buscar plenitude e êxtase espiritual.

Por um lado, o prazer, pela via da materialidade, pode ser alcançado pelo indivíduo, proporcionado pelo uso das substâncias psicoativas, que, usadas de fora para dentro, ativam as vias neuronais do circuito do prazer cerebral de forma não duradoura e dependente de substância, de forma linear, local, temporal.

Mas há indícios de que se possa alcançar novas formas de prazer, não-localmente, não-linearmente, ou seja, criativamente, de forma suspensa no tempo e no espaço. Suspeito que este tipo de prazer também reverbere neurobiologicamente no Circuito de Recompensa Cerebral, mas de dentro para fora, de forma independente de substâncias. Isso é, pelas vias da meditação, da oração, enfim, da própria espiritualização. Suspeito, enfim, que aí esteja o caminho neurobiológico do Êxtase, do Nirvana.

Obras como a escultura de Bernini, retratando o êxtase de Santa Tereza (Figura 7.6) a tela de Caravaggio (Figura 7.7), "São Francisco de Assis em êxtase" demonstram como há um emaranhamento entre a acepção do êxtase carnal com o êxtase místico. O circuito cerebral é o mesmo, muda-se apenas a fonte do estímulo. Um, do corpo para a alma, o outro, da alma para o corpo, com o arrebatamento dos sentidos e a aproximação vibracional de seres do Reino Angelical.

Figura 7.6 – Santa Tereza em Êxtase – Bernini

Fonte: <http://www.blogdacompanhia.com.br/2010/09/a-santa-teresa-de-bernini/>. Acesso em: 20 out. 2015.

Figura 7.7 – São Francisco de Assis em Êxtase, Caravaggio

Fonte: <http://epocanegocios.globo.com/Inspiracao/Vida/noticia/2012/ 04/caravaggio-em-dose-dupla.html>. Acesso em: 20 out. 2015.

Muitos jovens e adultos têm buscado fora, o que está dentro. Matando a sede com água do mar, como disse certa vez um paciente vinculado ao problema da Dependência Química a respeito de seu processo de recuperação.

Um outro disse que a droga te leva às alturas, à porta do Céu, mas não te deixa entrar. Linguagens simbólicas que denotam a riqueza e o poder das imagens que traduzem de formas sintéticas verdadeiros tratados sobre a Espiritualidade Real.

Buda falou do caminho do meio, Cristo enfatizou que o Reino dos Céus está "no meio de vós" (Lucas, 17:21) e ainda "o meu Reino não é deste mundo" (João, 18:36).

Não acredito, por tudo isso, que eles possam estar, de algum modo, equivocados.

Universos paralelos, pulsão de morte e reencarnação em massa

Freud, em seu texto, "Além do princípio do prazer" (1920), traz a lume a ideia brilhante de que a dinâmica do psiquismo humano funciona entre a dualidade da construção, representada pela força Eros, e a dinâmica da destruição, representado pela força Thanatos, que ele chamou, respectivamente de pulsão de vida e pulsão de morte.

A Física Quântica propõe, em uma de suas especulações para encontrar coerência nas formulações matemáticas, a hipótese de um universo que na verdade se constitui como "multiversos", em teoria também chamada de IMM (Interpretação de Múltiplos Mundos).

O Budismo situa a existência humana, mapeada arquetipicamente através da Roda da Vida, com 6 possibilidades mais marcantes, já definidas em nosso texto acima. Além disso, apresenta a reencarnação como possibilidade a ser considerada do ponto de vista filosófico, religioso e existencial pelos seus seguidores.

Do ponto de vista psiquiátrico e antropológico, ao longo da história, estas três contribuições teóricas fazem pensar sobre a realidade de grupos coletivos vinculados a um dos três eixos mencionados, marcando a humanidade de forma destacada, a partir das forças que encarnam, quando passam de um universo mais sutil para esta materialidade em que ora nos encontramos.

Veem-se forças de destruição e construção intercalarem sua passagem pelos séculos, em manifestações ora de orgia, ora de guerras, ora de alto padrão de espiritualidade e de empreendedorismo nos mais variados povos.

De alguma forma, baseado na teoria de que possamos todos estar vivendo de forma entrelaçada com outras dimensões, isso nos leva à hipótese de que esses diferentes universos se interpenetram e realimentam, de acordo com os seus temas mais fundamentais, representando forças coletivas, como arquétipos fundamentais.

Isso poderia explicar algumas experiências oníricas de alguns pacientes envolvidos com as drogas, por exemplo, em que relatam frequentam verdadeiros abismos e zonas sombrias, acordando com a nítida impressão de que realmente estiveram em contato sutil com o prazer e a adicção, em outros níveis vibracionais enquanto dormiam, acordando com relatos de "ressaca espiritual". Não há dúvida que medidas de prevenção em relação a recaídas durante o sono devem ser cogitadas pelos pacientes e cuidadores na área da Saúde.

De certa forma, durante a vigília, estes pacientes também parecem acessar novas realidades a partir do transe induzido por substâncias psicoativas, repetindo a saga de várias culturas em que plantas e outros elixires que eram utilizados para se buscar algum encontro com o sagrado ou com uma outra dimensão.

Considerando, no campo da adicção, que a pulsão de morte é que está em domínio, e que o indivíduo, na perspectiva budista, encontra-se, do ponto de vista da fixação em fase oral, inserido arquetípica e simbolicamente no reino dos fantasmas esfomeados, pode-se compreender como ele se coloca vulneravelmente em contato com o Reino colateral, qual seja o reino do Inferno, submetendo-se a experiências nitidamente infernais, segundo as próprias descrições ouvidas em nossa clínica diária: "doutor, quando eu uso drogas, eu fico ouvindo vozes mandando eu me matar". Experiências entre dois mundos? Entre dois Reinos? Experiência limítrofes? Experiências "*borderline*?" O futuro dirá.

Ao mesmo tempo, pessoas submetidas a experiências e buscas reais de espiritualização, sob a tutela da força Eros, de Construção, começam a apresentar sonhos de riquíssimo teor simbólico, abrindo horizontes de contemplação e beatitude, que preenchem suas vidas de íntima plenitude e de significado, podem estar em conexão com os Reinos budistas de Espiritualidade e Nirvana, etc.

E isso pode ocorrer mesmo na vigília, quando entram em transe através da meditação e de outras formas, onde acreditamos possa mesmo se incluir o "orgasmo", cuja origem espiritual se daria de dentro para fora, no encontro com o sagrado, a expressar-se no êxtase. Assim, o orgasmo, muitas vezes vulgarizado poderia ser vivido de forma mais consciente e espiritual, sem a promiscuidade e a vulgaridade ocidental a que estamos expostos de forma tão violenta, invasiva e apelativa, nos dias de hoje, auxiliando também o indivíduo no seu processo de despertamento espiritual, reeducação, saúde e paz.

Abre-se aqui um novo campo para cogitações sobre as interpretações dos sonhos, sem desprezar naturalmente aquelas já conhecidas, como a repressão de conteúdos inconscientes liberados quando o superego adormece, os processos de reajuste e descanso bioquímico do cérebro e do sistema de sono-vigília, etc.

Minhas penúltimas considerações

Assim, os arquétipos identificados e revelados ao longo deste texto parecem ser a essência de algumas das Forças Coletivas que definem as matrizes humanas no campo da convivência social e espiritual.

Um indivíduo, uma família ou uma coletividade, quando escolhem, escolhem viver em torno de algum desses eixos, de forma mais ou menos predominante.

De um ponto de vista macrocósmico, observam-se países se definindo em cada um desses eixos, e estabelecendo com os seus polos opostos relações comerciais, políticas, econômicas, culturais e espirituais em torno destes temas.

Se for feito um "zoom sistêmico" observam-se continentes com uma afinidade predominante em relação aos eixos aqui levantados. E se tal dinâmica for minimizada em relação ao microcosmo, haverá identificação de estados, dentro dos países, com características mais marcantes em relação a cada um deles. Bem como cidades, numa dada região. Bem como bairros dentro de uma cidade, bem como famílias com uma determinada característica mais marcante. E, por fim, dentro de uma família, indivíduos voltados para o tema do Eixo da Espiritualidade/Queda, do Empreendedorismo/Escravidão ou da Disciplina/Compulsão.

Dos xamãs ao papel do Brasil no mundo

Assim, na matriz básica de uma aldeia, há as figuras do Xamã e do Pajé, mas também a matriz arquetípica do Guerreiro, do Cacique e do Agricultor.

O Cacique, a nosso ver, é o primeiro ministro de hoje, o presidente, o Rei de todos os países. E o Guerreiro, por sua vez, a edição primitiva do que hoje se manifesta como o papel de um xerife, do policial, do soldado até os espiões de todos os tempos em missão de Paz ou de Guerra. O Agricultor, por sua vez, bifurca a via entre os que cultivam a Terra e entre os que exploram a Terra. Quando cultivam a Terra, tornam-se servos. Quando exploram a Terra, tornam-se senhores. A raiz arquetípica do empreendedor talvez esteja no agricultor que quis explorar a Terra visando ser Senhor.

De acordo com o que temos lido, visto e testemunhado, nos parece que o papel de civilizações como a Índia, a China e o Brasil estejam atreladas ao desenvolvimento do aspecto da Espiritualidade planetária. Ao longo da história, parece que estas potências terceiro mundistas revezam esta posição, em diferentes momentos, trazendo conteúdos de espiritualização do povo. Primeiro foi a China, depois a Índia, e agora, parece ser o momento do Brasil. A matriz arquetípica do Xamã e do Pajé se repetem nos curadores e rezadores (pessoas dedicadas à cura, ao transe e à comunicação transdimensional) de todos os tempos, e hoje se reeditam em torno daqueles que se sentem convocados a ser, de alguma forma, nas mais variadas linhas do saber e da formação acadêmica ou não, um agente de cura e transformação, um terapeuta.

Do ponto de vista do Empreendedorismo, a China e Índia já foram colonizadas pela Inglaterra, e o Brasil, por Portugal.

Roma, no passado, e os Estados Unidos, atualmente, são representantes do poder bélico e da vocação intrigante que alguns países têm para se elegerem como guardiões do planeta de tempos em tempos, podendo, naturalmente, se desviar em seus excessos, como tantas vezes a História já testemunhou. Diante do frenesi compulsivo da força da destruição, a Disciplina necessita muitas vezes da força para preservar o patrimônio coletivo, diante das expressões mais primitivas de barbaridade e violência. Talvez com isso possam se encontrar as raízes das justificativas pelas quais a Humanidade evolutivamente escolheu as Forças Armadas, com as suas mais variadas denominações, de acordo com a cultura, para formalizar a sua necessidade de Ordem e de Paz, ao longo da Evolução.

Alguns países do Oriente, da América do Sul e da África vem se tornando verdadeiros fornecedores de mão de obra para países mais desenvolvidos, como "agricultores" que servem à Terra, marcados pelo símbolo da Servidão ou da Escravidão diante da Força do Empreendedorismo. E assim, ciclos e ciclos evolutivos, repetindo padrões de forma mais ou menos linear e previsível. Não deve, por tudo isso, ser à toa que se criou a famigerada frase: "A História se repete".

O salto quântico da humanidade: rumo ao não-previsível, ao extraplanetário e ao angelical

Assim como o desenvolvimento humano, o empreendedorismo passou pela via do Fogo, com a descoberta desta propriedade da matéria, depois da Terra, com as conquistas da Agricultura, depois da Água, com a Expansão Marítima, e depois do Ar, com o avanço da Aviação. Suspeito que a sutilização máxima da expansão se dará, por um lado, pela busca das relações interespaciais, num polo, e numa dimensão inter e intrapessoal, por outro. E não apenas a "conquista" – cacoete de expressão humana – do Espaço Sideral.

Cogitava-se que haveria um 5º elemento. Talvez, arquetipicamente, o 5º elemento seja a própria mente, enquanto essência sublimada do corpo, que haverá de, com suas potencialidades, realizar prodígios que estejam além das possibilidades ígneas, terrenas, aquosas, ou aéreas, meramente.

Talvez seja mais fácil e prático aprender a visitar Marte, explorando as vastas possibilidades latentes da mente humana, do que construindo sondas espaciais, embora, pessoalmente, acredite que estes esforços não devam mesmo deixar de existir.

Do ponto de vista da Espiritualidade e do empreendedorismo na Telecomunicação a História viu a escrita avançar com o uso das Pedras, depois do Papel, e agora em Telas digitais e Hologramas. E, pelo prisma teleológico da comunicação verbal, os telegramas virarem telefones com fio, e depois telefones sem fio e depois celulares e *smartphones*.

Suspeito que os próximos passos a serem alcançados nos levarão a verdadeiras comunidades sem fio, expandindo as possibilidades de comunicação através das plataformas virtuais, em que cada um terá o seu canal e a sua página, para a comunicação tradicional, mas também pela comunicação pela via trans instrumental e transdimensional. Os chamados "mortos" deverão ter seus canais nas redes sociais de vídeos fotos, e uma conta em que se torne possível falar com eles, na dimensão em que se encontrem.

Pela via linear, mas também pela via não-linear, pela via verbal, mas também pela não verbal. Pela via gráfica, mas também pela via simbólica. Pela via temporal, mas também pela via não-temporal. Pela via racional, mas também pela via intuitiva. Pela via local, enfim, mas também pela via não-local.

Do ponto de vista da Ordem, desde os instrumentos de Pedra, até a era do Metal, depois da Pólvora, e agora das forças subatômicas e dos raios laser. Em contraponto à evolução bioquímica das formas de prazer e viciação, que vão desde o álcool, maconha, LSD, cocaína, até ao crack, no reino das compulsões. Não deverá haver mais armas pois cada um será senhor de sim mesmo e consciente, como CIDADÃO DO UNIVERSO, de seu papel, seu lugar perante si mesmo, o outro e a própria Criação.

A experiência da APAC – Associação de Proteção aos Condenados – como modelo de recuperação de condenados pela justiça é reflexo dessa tendência. Nestas instituições, idealizadas por um brasileiro no final do século XX e disseminadas em vários estados do Brasil e conhecida em inúmeros países do mundo, os próprios presos cuidam dos próprios presos, e não há armas.

Neste sentido, a Psiquiatria certamente não estará preocupada com doenças apenas, mas também com formas mais avançadas de se viver em plenitude consigo mesmo, com os outros e com o Universo.

Gostaria, antes de encerrar este capítulo, e nos encaminharmos para o último deste volume, de convidar o(a) leitor(a) para uma cavalgada. Veja o exercício a seguir.

EXERCÍCIO 7: OS QUATRO CAVALOS E O TAO (CAMINHO).

O Taoísmo fala do Tao, que seria o caminho da existência. Muitos dizem que na vida há muitos caminhos que levam a Deus. E que há várias formas de chegar. Uns brincam dizendo que o místico chega antes, e aguarda, meditando, o cientista, que vem depois, demonstrando "por A+B" como fazê-lo. Imagine que houvesse um caminho só, mas um caminho só para cada um. Cada um faz um caminho diferente. Porém, todos têm que escolher um meio de locomoção.

E nessa brincadeira, não há carros ou aviões, nem ultraleves e nem skates. Há apenas cavalos. E não se pode ir a pé. Imagine que houvesse quatro cavalos apenas, e, em sua vida, para trilhar esse caminho, você precisasse escolher um único cavalo para lhe guiar os passos. Os cavalos representam forças que alimentam a vida humana. Um deles é amarelo, o outro, preto, e outro branquinho, e o outro, vermelhinho..

O cavalo preto é o do Empreendedorismo – representando as realizações humanas, o crescimento na horizontal; O cavalo branco representando a força da Espiritualidade, que representa a força vertical do crescimento interior, das realizações atreladas a um sentido transcendente; o cavalinho vermelho, a Ordem, a Justiça, representando o lugar do poder e da disciplina, na manutenção da ordem para o bom andamento das realizações humanas, e o cavalinho amarelo, a força da Morte e da destruição, representando a pulsão destruidora da vida, dos sonhos e do futuro.

E se fosse para escolher um cavalo que definisse a sua vida, qual seria? Você acha que está sobre o cavalo certo? Se fosse para mudar de cavalo, para qual você mudaria hoje? O que te levaria a cair do cavalo escolhido? O que te fez cair andando sobre os outros cavalos em algum momento de sua vida? E o que fazer para se erguer e continuar? Reflita sobre isso.. Devagar, lentamente, relaxe.. Protegidamente, feche os olhos, ponha uma música tranquila... permita-se experimentar com a imaginação onde cada um desses cavalos vai te levar ao final de sua vida, enxergue-se no futuro montado sobre cada e veja: qual lhe fará mais feliz, te dará o senso de dever cumprido nesta vida?

CAPÍTULO 8

Orientações para pais educadores familiares e pacientes: Reflexões finais sobre fatores de risco e de proteção para a Dependência Química

Existe o risco que você não pode jamais correr, e existe o risco que você não pode deixar de correr.
(Peter Drucker)

Introdução

Muitos pais nos chegam ao consultório, preocupados porque os seus filhos poderiam estar usando drogas, e não sabem o que fazer a este respeito. São perguntas repetidas, que podem ser catalogadas em classes que vão desde as dinâmicas familiares, aso grupos de convivência nas escolas e nos clubes, bem como sobre as características dos filhos.

Temos feito palestras sobre Prevenção e Tratamento em Dependência Química e gostaria de aproveitar este conteúdo para tentar responder a algumas dessas principais questões, envolvendo os temas da Espiritualidade, da Religiosidade, da Educação e do uso ou abuso de drogas. Em alguns momentos iremos recorrer a citações que já foram feitas em capítulos anteriores e tentaremos amarrar todos esses aspectos neste que se apresenta como o capítulo final deste livro.

Entre a vulnerabilidade e a resiliência: dos fatores de risco aos fatores de proteção

Antes de adentrarmos no estudo dos fatores de risco e de proteção para o uso de drogas, gostaria de esclarecer o(a) leitor(a) a respeito de dois conceitos.

O primeiro deles é o de resiliência. Segundo alguns estudiosos (LARANJEIRAS *et al.*) a resiliência pode ser compreendida como "capacidade que determinado indivíduo tem de conseguir atitudes positivas, mesmo diante de fatores potencialmente estressores; ou seja, à capacidade de enfrentamento de situações estressantes e/ou traumáticas consideradas como fatores de risco".

Vulnerabilidade, por sua vez, pode ser caracterizada como "respostas mal adaptadas às exigências da vida, resultando em consequências negativas para o desenvolvimento psicológico do indivíduo". O uso de drogas, por exemplo.

A partir desses dois conceitos, poderemos observar que embora haja o peso do ambiente na determinação do comportamento, existe a questão da susceptibilidade individual, que faz com que pessoas mesmo sujeitas a inúmeros fatores de risco tenham comportamentos livres do uso abuso ou dependência de drogas. Enquanto outras, mesmo cercadas de fatores de proteção, possam estar sujeitas a usar, abusar e depender dos entorpecentes.

Fatores de risco podem ser considerados aquelas "características variáveis ou eventos que, se presentes em um indivíduo, fazem com que este tenha maior probabilidade de desenvolver o uso de drogas" (Laranjeiras *et al.*).

Por sua vez, um fator de proteção pode ser entendido como "aquele fator que minimizam a interferência dos fatores de risco, aumentam a resistência, ou fazem com que o envolvimento do indivíduo com o uso de substâncias seja menos provável" (Laranjeiras *et al.*).

E quais seriam os fatores de risco para o uso de drogas? E quais seriam os fatores que ajudariam os jovens a se manter num caminho de maior lucidez na relação com a realidade? Na família? Na escola? E na sociedade?

Família e dependência química: fatores de risco e de proteção

Embora já tenhamos abordado de forma mais sucinta estes aspectos, gostaríamos de detalhar, neste item, em relação ao domínio familiar aqueles fatores de risco e de proteção para a dependência química. Vimos, por exemplo, que pais dependentes químicos criam sequelas no comportamento dos filhos, e vimos, também, por outro lado que a espiritualidade pode ser um fator de proteção contra o risco do uso e abuso de substancias psicoativas na adolescência, etc.

Dentre os fatores de risco familiares, podemos citar: Pais dependentes, e que sejam permissivos em relação ao uso de drogas pelos filhos, do álcool, tabaco e outras drogas. A falta de disciplina dos pais. Padrões de comunicação negativos na família, com conflitos recorrentes, Situações de estresse e disfunções causados por traumas de morte; Divórcio; Histórico de delito e/ou de prisão dos pais, e, por fim, precariedade socioeconômica. (Laranjeiras *et al.*).

A partir dos dados da teoria, confirmamos, na prática, tais realidades. Filhos de pais divorciados tendem a se sentir mais sozinhos e abandonados. A convivência com os entorpecentes desde a infância aumenta o risco de consumo pelos jovens. Mortes precoces dos pais deixam os filhos mais vulneráveis a este fator. Precariedade financeira e social aumentam as chances de comportamento criminoso.

Além disso, sentimento de rejeição familiar, falta de acompanhamento dos adultos em relação as atividades das crianças, falta de rituais familiares, como férias, refeições em conjunto, etc.

Observamos, na prática, como são mesmo saudáveis momentos de convivência harmônica que vão se tornando rituais em família. Almoços de domingo ou durante a semana, viagens junto, bem como programas mais simples, como assistir a filmes comendo pipocas, dormir na sala, "acampados" e passeios em parques e praças da cidade, para pequenos momentos de lazer. Muitos pais, tenho visto, tendem a imaginar que perdem tempo com os filhos, mas na verdade, quando os filhos sentem que há dedicação integral, rapidamente liberam os pais para que eles façam as suas coisas. As crianças, em geral, não precisam mais do que de algumas horas, para considerar que o seu dia inteiro foi extraordinário.

A partir desses dados e considerações, gostaria de deixar ainda uma reflexão para o(a) leitor(a): Até que ponto são realmente necessárias festas infantis regadas a bebidas alcoólicas? Quantas vezes adultos não têm deixado de ir a festas infantis ou vão, contrariados, pelo motivo principal de não ser servida bebida alcoólica nesses ambientes? Precisamos questionar seriamente se queremos sustentar esse padrão cultural para as próximas gerações.

Dentre os fatores de proteção, na família, estariam então: ligações positivas entre os membros, altos níveis de acolhimento, poupar críticas desmedidas em relação aos atos considerados não condizentes com aquele padrão familiar. E também, um senso de confiança básico nos filhos, ou seja, a princípio o que foi dito pelo filho é verdadeiro. As crianças são encorajadas a participarem de algumas decisões familiares, criando laços e senso de responsabilidade. E aos filhos são oferecidas regras claras a respeito do que pode e do que não pode naquele ambiente. Por exemplo, com relação ao uso de cigarro, álcool, drogas, sexualidade, etc. Não se está aqui levantando a importância de quais regras, mas da presença das mesmas como forma de criar um senso de disciplina e respeito às leis, por parte dos filhos, por exemplo.

Escola e dependência química: fatores de risco e de proteção

E na escola? Quais seriam os fatores de risco e de proteção? Sugerimos, ao longo desse livro, um filme que fala da história real de um menino de rua que foi criado incialmente em um orfanato e que, depois, teve sua vida transformada por uma educadora do exterior. Esse filme reflete na prática os fatores que iremos descrever a seguir, embasado nos estudos e pesquisas do campo.

Na escola, segundo Laranjeiras *et al.*, são considerados fatores de risco, por exemplo, falta de suporte para valores e atitudes positivas, bem como altas taxas de uso nocivo de substâncias, baixa autoestima de estudantes e professores e falta de oportunidades de envolvimento e recompensa para os alunos. Além disso, fracasso escolar, falta de envolvimento entre professores e alunos, e pouco engajamento com o seu sucesso acadêmico.

Não queremos com isso incriminar os professores. Pelo contrário. Quantas vezes o ambiente escolar é mesmo desmotivador? Precariedade de recursos didáticos, desrespeito e violência por parte dos alunos e, sobretudo, dos próprios pais? Delegação da educação infantil pelos pais aos professores? E, ainda, um baixíssimo salário para lidar com todas estas questões?

Em outras escolas, muitas vezes do setor privado, observamos maior presença de fatores considerados de proteção, quais sejam: maior envolvimento e participação dos jovens nas atividades escolares, altas expectativas com relação aos alunos, por parte dos professores e funcionários da escola, um ambiente escolar que ofereça apoio e cuidado, regras claras com relação a comportamentos associados ao consumo, dentre outros.

Sociedade e dependência química: fatores de risco e de proteção

Do ponto de vista social, tornam-se fatores de risco proximidade a indivíduos que consumam tais substancias, ligação com jovens que se envolvem em atividades delinquentes, amigos que "pressionam" para usar, dentre outros.

Por outro lado, um ambiente comunitário que ofereça apoio e cuidado, criando oportunidades para que os jovens atuem na comunidade, com consciência das necessidades locais e coletivas, mobilizando esforços para a aquisição dos recursos necessários podem ser fatores de proteção. Ou seja, ensinar ao jovem formas de ativismo, político, social, e, porque não dizer, também religioso ou espiritual, ou ligado a motivações religiosas ou espirituais para o bem comum.

Do ponto de vista político e ambiental, diminuir o acesso às drogas, com taxas mais altas para estes produtos, restringir o acesso, aumentar os preções, com políticas públicas e leis severas com relação ao uso e à condução de veículos são algumas das medidas cabíveis. Além desses, cita-se a necessidade de políticas públicas baseadas em evidências, e não em opiniões pessoas, ou falseadas por interesses de classes ou de indústrias.

Quanto tempo ainda teremos nos comerciais de horário nobre ênfase nos esportes patrocinados por bebidas alcoólicas? Por quanto tempo ainda teremos grandes seguimentos dentro de um supermercado voltado para a venda desses produtos? A sociedade romana antiga sabia que uma sociedade poderia ser manipulada mais facilmente a base de pão e circo. Ou seja, deixe o povo distraído com os circos – hoje estádios – e com os estômagos cheios de pão – hoje de vinho, cachaça, cerveja e churrasco – enquanto os governantes fazem os seus desmandos e corrupções na vida pública. Nada contra o futebol ou as festas de família e confraternizações de amigos. E muito menos contra os políticos dignos.

Quantas vezes o uso aparentemente inocente se descamba para o abuso alienado e culmina com a dependência desesperadora?

Mas até que ponto estamos pagando altos impostos, especialmente no Brasil, muito acima da média de outros países, trabalhando e nos cansando, como forma indireta de escravidão nos dias de semana, e nos distraindo, alienando e embriagando nos finais de semana? E o tanto que isso não tem sido desvantajoso para uma real democracia? Um povo mais vigilante e menos embriagado nos finais de semana, que lesse mais jornais ou que se encontrasse mais sóbrio para discutir e articular mudanças nos finais de semana talvez fizesse mais pressão contra os congressos de todos os países, durante a semana, não? As consequências disso poderiam ser carros e imóveis mais baratos, alimentos e outros bens de consumo mais acessíveis, escolas públicas de melhor qualidade, saúde pública invejável, etc. Para quem achar que isso é utopia sugiro ir a alguns países mais desenvolvidos e politizados e ver se isso não realmente funciona.

Entre a felicidade, o poder e o dever

Observamos hoje a sociedade com sérios conflitos de valores, desiludida em relação a contextos políticos, religiosos, usufruindo níveis altos de liberdade em o devido senso de responsabilidade. No campo sexual, político, religioso, passamos por diferentes fases. Primeiro o não pode, depois o não deve, depois o pode, mas ainda não alcançamos a fase do dever.

Um estudo com mais de 40 mil pessoas, na área de Psicologia Positiva, demonstrou que, para estes indivíduos, felicidade poderia se resumir a dois itens: 1) fazer o bem; 2) cumprir com o dever (SELIGMAN).

Vejam que a espiritualidade muitas vezes está ligada a fazer o bem, tanto quanto com o senso de uma consciência individual que nos convida a fazer o que é certo, independente daquilo que preferimos fazer, por desejo, apego ou sofisma no campo do coração. Fazer o bem nem sempre representa sorrir. Muitas pessoas, para cumprir com o dever e encontrarem a paz de consciência, ou a felicidade íntima, estão ocultamente derramando lagrimas por aí. Porém, isso não é divulgado, e nem, muito menos, valorizado em meio que predominam nitidamente valores materialistas e hedonistas sobre a moral e a dimensão da espiritualidade (Tabela 8.1).

O usuário de drogas, muitas vezes, não está em busca de outra coisa a não ser de sua própria felicidade, ainda que transitória. Não há mais culpados do que iludidos entre nós.

A sociedade, os pais e educadores já aprenderam muita coisa do que não pode, do que não deve, do que pode, mas estamos sofrendo muito ainda por fazer várias coisas que podem, mas que na verdade ainda não sabemos se são de fato convenientes para todos. Estamos vivendo um momento em que na sexualidade, na política, na religião, na drogadicção estamos experimentando o máximo de liberdade. Os pais se vem em conflito por não terem certeza do que orientar aos filhos a respeito destes campos do saber e do crescimento humano. Acredito que os próximos séculos nos aguardam, dentre dias de semana e finais de semana, em busca da construção destes novos valores, fruto das experiências individuais e coletivas com a dor, e também a partir das correntes religiosas, da sabedoria dos postulados filosóficos e também das evidências cientificas, não só quantitativas e dos laboratórios, mas também dos campos qualitativos e humanos, que nos trarão embasamento teórico para as construções práticas em nome de um bem comum.

TABELA 8.1 – Tempos da humanidade				
	Não pode	Não deve	Pode	Deve
Sexualidade	X	X	X	?
Religião	X	X	X	?
Drogadicção	X	X	X	?
Política	X	X	X	?

Para isso, precisaremos abandonar crenças, conceitos e reconstruirmos tudo isso baseado em novas realidades e paradigmas para sustentabilidade de forma saudável, no milênio que ora se inicia. Não há dúvida, o momento é de caos. E ele nos parece necessário. A criação de pequenos grupos de estudo, ilhas de reflexão para a sobrevivência da fé, da racionalidade, da arte e da cultura como um todo, deverão ser núcleos de sobrevivência emocional, social e espiritual, e não apenas física, gerando conteúdos que alimentem os sujeitos que desfrutem a convivência em uma determinada realidade. Talvez não haja regras gerais, mas valores gerais aplicados a contextos específicos, atendendo a noção de bem-estar de um determinado clã ou coletividade, mas com um senso de unidade mais apurado.

John Lennon, em sua música Imagine, cantou, a meu ver de forma profética, esta realidade, que parece já começar a se delinear. Começamos a ver as pessoas cadavez mais sem religião, sem fronteiras, compartilhando todo o mundo através de seus aparelhos, nas redes sociais. Estamos nos tornando uma teia viva que sustentará o planeta. Não existe mais o império da mídia, como antes, e cada um consome o que quer. Estamos cada vez mais construindo a nossa própria realidade. Veja a profundidade da letra a seguir:

Música: Imagine – John Lennon	
Imagine there's no heaven It's easy if you try No hell below us Above us only sky Imagine all the people Living for today	Imagine que não há paraíso É fácil se você tentar Nenhum inferno abaixo de nós Acima de nós apenas o céu Imagine todas as pessoas Vivendo para o hoje
Imagine there's no countries It isn't hard to do Nothing to kill or die for And no religion too Imagine all the people Living life in peace	Imagine não existir países Não é difícil de fazer Nada pelo que matar ou morrer E nenhuma religião também Imagine todas as pessoas Vivendo a vida em paz
You may say I'm a dreamer But I'm not the only one I hope some day You'll join us And the world will be as one	Você pode dizer Que sou um sonhador Mas não sou o único Tenho a esperança de que um dia Você se juntará a nós E o mundo será como um só
Imagine no possessions I wonder if you can No need for greed or hunger A brotherhood of man Imagine all the people Sharing all the world	Imagine não existir posses Me pergunto se você consegue Sem necessidade de ganância ou fome Uma irmandade do Homem Imagine todas as pessoas Compartilhando todo o mundo
You may say I'm a dreamer But I'm not the only one I hope some day	Você pode dizer Que sou um sonhador Mas não sou o único Tenho a esperança de que um dia
You'll join us And the world will live as one	Você se juntará a nós E o mundo viverá como um só

Por tudo isso, propomos, como citado em capítulos anteriores, a substituição de uma cascata do vício, alienante, por uma cascata da virtude, do amor, dignificante do Eu. E gostaríamos de detalhar esta cascata na tabela a seguir (Tabela 8.2)

Tabela 8.2 – A cascata do vício e da virtude

Cascata do vício	Cascata da virtude
Idolatria Poder, religião, prazer (sexo, drogas) dinheiro, política, narcisismo, artes, esportes	Adoração ao Amor "Amar Deus sobre todas as coisas e ao próximo como a si mesmo" (Jesus)
Obscuridade do eu	Iluminação do self
Massificação	Individuação
Non-sense	Significado e sentido
Culpabilização do outro	Autorresponsabilidade
Insatisfação, revolta, reclamação	Gratidão, plenitude, aceitação
Escolhas grupais para o indivíduo	Escolhais do indivíduo para o coletivo
Individualismo (egoísmo)	Individualidade
Radicalismo ou fundamentalismo e violência	Espiritualidade, brandura e paz
Respeito apenas aos iguais	Tolerância com os desiguais
Medo e insegurança	Coragem e autonomia
Desolação e morte	Consolação e vida

Com isso, caros(as) leitores(as), lançamos algumas das bases despretensiosas do que julgo serem os aspectos que permeiam a medicina do vorpo e da alma, em busca de uma cura sistêmica, integral, para aqueles que padecem dos sofrimentos no campo da Dependência Química, entre a morte e a vida, a saúde e a doença o sonho e o pesadelo... com orientações que promovam saúde e paz. Bases que, certamente, deverão ser antes confirmadas pela experiência, pelo tempo, e o bom senso de cada um. Espero que os pais, professores, profissionais de saúde e pacientes possam se enriquecer desta leitura, melhorando a sua qualidade de vida e aumentando o seu nível de consciência a respeito do nosso mundo, saindo dos padrões culturais hipnotizantes e arcaicos da cultura e partindo para um campo de ativismo, ou seja, de uma ação mais consciente, não espontânea, não condicionada pelos atavismos genéticos e inconscientes da coletividade.

Ubuntu!

Referências

Alguns filmes

1) O Contador de histórias (2009)
2) O Filme dos Espíritos (2011)
3) Samsara (2011)
4) A árvore dos sonhos (1994)
5) Êxodus – Entre Deuses e Reis (2014)
6) Meu nome não é Johnny (2008)

Alguns sites

1) Núcleo de Pesquisas em Espiritualidade e Saúde - NUPES – UFJF:
   www.ufjf.br/nupes
2) Núcleo Avançado de Saúde, Ciência e Espiritualidade NASCE-UFMG:
   www.nasce-ufmg.blogspot.com
3) Unidade de Pesquisas em álcool e Drogas - UNIAD:
   www.uniad.org.br

Referências

ALIGHIERI, Dante. *A Divina Comédia.* 4ed., Scipione, 2011.

ALMEDER, R. *Objeção materialistas contra o dualismo cartesiano.* RevPsiq Clín. 2013;40(4):150-6.

ARAÚJO, Salo Freitas. *O eterno retorno do materialismo: padrões recorrentes de explicações materialistas dos fenômenos mentais.* Rev. Psiquiatr. Clín. vol.40 no.3 São Paulo, 2013

ALEXANDER, Bruno *et all.O Livro Das Religiões.* SP, Globo Livros.

BENZECRY, Daniela. *Drogadição, a Recuperação em A.A. e N.A. e a Espiritualidade.: - à luz da psicologia de C.G. Jung* (PortugueseEdition) KindleEdition

BRASIL. Ministério da Saúde. *As Cartas Da Promoção De Saúde.* Brasília.,2002.

CAMPBELL, Linda. Ensino e aprendizagem por meio das Inteligências Múltiplas. Porto Alegre, Artes Médicas, 2000.

CAPRA, Fritjof. *O Ponto de Mutação.* Ed. Cultrix, 1989.

CAPRA, Fritjof. *O Tao da Física.* SP, Ed. Cultrix, 2000.

Caroli Rocha, A. PhD , Denise Paraná, PhD, Elizabeth Schmitt Freire, PhD. Francisco Lotufo Neto, MD, PhD. Alexander Moreira-Almeida, MD, PhD. Investigatingthe Fit andAccuracyofAllegedMediumisticWriting: A Case Studyof Chico Xavier'sLetters. September–October, 2014 Volume 10, Issue 5, Pages 300–308.

CARTILHA DE PREVENÇÃO AO SUICÍDIO. Associação Brasileira de Psiquiatria. Brasília 2014.

CARTILHA DE SUICÍDIO – Site OMS - http://www.who.int/mental_health/suicide-prevention/world_report_2014/en/ (acesso em 15 de agosto de 2015).

KARDEC, Alan. *Céu E Inferno.* 2 ed., Brasília, Feb Editora, 2013.

CHOPRA, Deepak, *A Cura Quântica.* SP, Best Seller, 2013.

CLASSIFICAÇÃO ESTATÍSTICA INTERNACIONAL DE DOENÇAS – 10, CID-10, 7 ed., SP, EDUSP, 2008.

CLECKLEY, H.C. (1976). The MaskofSanity. St. Louis: Mosby.

ConstellationswithHomeopathicRemediescBy Dr. Johannes-LatzelTranslationbyMarkusAbernathy – acesso em 10 agosto 2015: http://www.human-systems-institute.com/docs/elscie/Latzel_Constellations_W_Homeopathic_Remedies.pdf

CURY, Augusto. *Análise da Inteligência de Cristo. Obras completas.* SP, Sextante.

CURY, Augusto. *Pais inteligentes formam sucessores, não herdeiros.* SP, Benvirá, 2014.

DAHLBERG,L.L.& KRUG,E.G. *Ciência & Saúde Coletiva*,11(-Sup):1163-1178,2007 –

DALGALARRONDO, P. *Estudos sobre religião e saúde mental realizados no Brasil: histórico e perspectivas atuais* Rev. Psiq. Clín. 34, supl 1; 25-33, 2007

DAWKINGS, Richard. *O Gene Egoísta.* SP, Cia. das Letras, 2007.

DEPEN. *Sistema Penitenciário no Brasil* – Dados Consolidados. Ministério da Justiça, 2008.

DESCARTES, Rene. *O discurso do método.* SP, Martins Fontes, 2001.

DIAS, Haroldo Dutra. Tradução. *O Novo Testamento.* Brasília, FEB, 2013.

Dicionário MICHAELIS ONLINE (www.michaelis.uol.com.br) Acesso em 15 agosto 2015)

DISPOSTI, Vilson. *Filhos da Dor.* SP, Intelitera, 2010.

Dissectingimpulsivityand its relationshipstodrugaddictions. Jentsch JD, Ashenhurst JR, Cervantes MC, Groman SM, James AS, PenningtonZT.Ann N Y AcadSci. 2014 Oct;1327:1-26. doi: 10.1111/nyas.12388. Epub 2014 Mar 21. Review.

Dysfunction in the Neural CircuitryofEmotionRegulation-—A PossiblePreludetoViolence Richard J. Davidson,* Katherine M. Putnam, Christine L. Larson – Science (2000) 289, pg. 591-594.

EINSTEIN AND RELIGION – PhysicisandTheology (1999). Princeton Universitypress (1999).

ESTATUTO DO IDOSO. http://www.planalto.gov.br/ccivil_03/leis/2003/L10.741.htm . Acesso em 15 de Agosto de 2015.

KRUG, Etienne G, DAHLBERG, Linda L., MERCY, James A., ZWI, Anthony B., e LOZANO, Rafael. *Relatório mundial sobre violência e saúde.* Organização Mundial da Saúde, 2002.

FLECK, M. P. A. *WHOQOL - ABREVIADO* Versão em Português PROGRAMA DE SAÚDE MENTAL ORGANIZAÇÃO MUNDIAL DA SAÚDE, Genebra, 2000.

FRANCKL, Victor. *Em busca do sentido.* SP, Vozes.

FREUD, S. *Além do princípio do prazer.*SP, Civilização Brasileira.

FREUD, S. *Psicologia das massas e análise do Eu e outros textos* (1920-1923). In: Obras completas, v. 15. Tradução Paulo César de Souza. SP, Cia. das Letras, 2016.

GARDNER, Howard. *Inteligências Múltiplas: a teoria na prática.* Porto Alegre, Artes Médicas, 1995.

GATTAZ, Wagner Farid *et al. Clínica Psiquiátrica* – volumes 1 e 2. SP, USP/Manole, 2011.

GAZINELLI, R. *Quem tem medo da Física Quântica?*BH, UFMG, 2013.

GEHRKE PANZINI, R. Tese Mestrado. *Escala de Coping Religioso e Espiritual* (Escala CRE): Tradução, Adaptação e Validação da escala RCOPE, abordando relações com saúde e qualidade de vida. 2004.

GEHRKE PANZINI, R.; RUSCHEL BANDEIRA, Denise. ESCALA DE COPING RELIGIOSO-ESPIRITUAL (ESCALA CRE1): ELABORAÇÃO E VALIDAÇÃO DE CONSTRUTO. Psicologia em Estudo, Maringá, v. 10, n. 3, p. 507-516, set./dez. 2005

Geneticpolymorphismsofalcohol dehydrogense-1B andaldehyde dehydrogenase-2, alcohol flushing, mean corpuscular volume, andaerodigestivetract neoplasia in Japanesedrinkers. Yokoyama A, Mizukami T, YokoyamaT.AdvExpMed Biol. 2015;815:265-79. doi: 10.1007/978-3-319-09614-8_15. Review.

Ghrelinsignallingandobesity: atthe interface of stress, moodandfoodreward. Schellekens H, Finger BC, Dinan TG, Cryan JF. PharmacolTher. 2012 Sep;135(3):316-26. doi: 10.1016/j.pharmthera.2012.06.004. Epub 2012 Jun 27. Review

GOLEMAN, Daniel. *Inteligência emocional – a teoria revolucionária que redefine o que é ser inteligente.* 5 ed, SP, Objetiva, 1996.

GOSWAMI, Amit. O universo autoconsciente. 3 ed, SP, Aleph, 2015.

GOSWAMI, Amit.*Criatividade Quântica.* SP, Aleph, 2008.

GOSWAMI, Amit. *Evolução Criativa das Espécies.*SP, Aleph, 2009.

GRINBERG-ZYLBERBAUM, J.; DELAFLOR, M.; ATIE, L., & GOSWAMI, A. 1994). "Einstein-Podolsky-Rosenparadox in thehumanbrain: The trasnferedpotential."PhysicsEssays, volume 7, pp 422-28.

GUYTON, A. e HALL. *Tratado de Fisiologia Médica.* 12ª ed.,SP, Elsevier/Medicina Nacionais, 2011.

PUSTIGLIONE, Marcelo. *Organon da Arte de Curar de SamuelHahnemann.* SP, Organon.

HARE, R. D. (2003). *The Hare PsychopatyChecklist – Revised (PCL-R),* 2ed. Toronto, Canada: Multi-Health Systems.

HARE, R.D. (1980). *A researchscale for theassesment os psychopatology in criminal populations. Personality and Individual Diferences* 1, 111-19.

HARE, R.D. (1993). Without conscience: The Disturbing World of Psychopats Among Us. New York,.Guilfordpress.

HELINGER, Bert. *A fonte não precisa perguntar pelo caminho.* 2ed, SP, Atman, 2007.

HELINGER, Bert. *A simetria oculta do amor.* SP, Atman, 1999.

HELINGER, Bert. *Constelações familiares*. 4ed, SP, Atman, 2004.

HELINGER, Bert. *Ordens do Amor*. 7ed, SP, Atman, 2014.

IANDOLLI JR., Décio. *A Reencarnação como lei biológica natural*. SP, Fé, 2004.

Impulsive behavior and nicotínicacetylcholine receptors. Ohmura Y, Tsutsui-Kimura I, Yoshioka M. J PharmacolSci. 2012;118(4):413-22. Epub 2012 Mar 22. Review

JASPERS, Karl. *Psicopatologia Geral*. 2v. SP, Atheneu, 1973.

JUNG, Carl Gustav. *Aion: Estudo sobre o simbolismo de si-mesmo*. 10ed, SP, Vozes, 2013.

JUNG, Carl Gustav. *Obras completas*. SP, Vozes, 2011.

JUNG, Carl Gustav. *Os tipos psicológicos*. 4ed, SP, Vozes, 2011.

KOENIG, H. Psychoneuroimmunology and the Faith Factor. JGSM [periódico na Internet]. 2000 [acesso em 1 ago. 2004]; 3(5):37-44. Disponível em: http://www.mmhc.com/engine.pl?station=mmhc&template=jgsmfull.html&id=1508. [Links]

KOENIG, Harold. *A Espiritualidade no Cuidado com o Paciente*. SP, Catavento, 2005.

KRIPPNER, S. *Os primeiros curadores da humanidade: abordagens psicológicas e psiquiátricas sobre os xamãs e o xamanismo*. Ver Psiq Clín, Vol. 34, supl. I, 17-24, 2007.

KUBLER, Elizabeth Ross. *A Roda da Vida*. SP, Martins Fontes, 1998.

KUBLER, Elizabeth Ross. *Sobre a Morte e o Morrer*. 9ed, SP, Martins Fontes, 2008.

LARANJEIRAS, Ronaldo *et al*. *Aconselhamento em Dependência Química*. 3ed, SP, Roca, 2015.

LENT, Roberto *et al*. *Cem bilhões de neurônios*. 2ed, SP, Atheneu, 2002.

LOMBROSO, Cesare. *O Homem delinquente.* SP, Icone, 2007.

Sobre Cesar Lombroso em 10 agosto de 2015 http://www.cerebromente.org.br/n01/frenolog/lombroso_port.htm

MARCO CIVIL DA INTERNET - http://www.planalto.gov.br/ccivil_03/_ato2011-2014/2014/lei/l12965.htm

MAZAROLLO, Frei Isidoro. *Jesus e a Física Quântica.* RJ, PUCRio Reflexão, 2011.

McLEAN, Paul. "The TriuneBrain in evolution: Role in paleocerebralfunctions". (1990).

MOREIRA, Alexander; MENEZES JR, A. Revisão da Literatura - O diagnóstico diferencial entre experiências espirituais e transtornos mentais de conteúdo religioso. Rev. Psiquiatr. Clín. vol.36 no.2 São Paulo, 2009.

MOREIRA-ALMEIDA, A; ARAUJO, S. F. O cérebro produz a mente? Um levantamento da opinião de psiquiatras / ArchClinPsychiatry. 2015;42(3):69-70

NeuroQuantology | June 2010 | Vol 8 | Issue 2 | Page 120-136 Tarlaci S., A historicalviewoftherelationbetween quantum mechanicsandtheBrain

NeuroQuantology | March 2010 | Vol 8 | Issue 1 | Page 49-50 GhaemiSN., Quantum psychiatry: a new paradigm?

Ontheinteractionbetweendrugsof abuse andadolescent social behavior.Trezza V, Baarendse PJ, VanderschurenLJ.Psychopharmacology (Berl). 2014 Apr;231(8):1715-29. doi: 10.1007/s00213-014-3471-z. Epub 2014 Feb 20. Review

OPRM1 rs1799971 polymorphism and opioid dependence: evidence from a meta-analysis.Haerian BS, HaerianMS.Pharmacogenomics. 2013 May;14(7):81324. doi: 10.2217/pgs.13.57. Review.

Pain, nicotine, and smoking: research finding sand mechanistic considerations. Ditre JW, Brandon TH, Zale EL, Meagher MM. Psychol Bull. 2011 Nov;137(6):1065-93. doi: 10.1037/a0025544. Review.

PESSOA Jr, Osvaldo. *Conceitos de Física Quântica*, Volume 1. SP, Livraria da Física.

POWELL, A. Psychiatry and spirituality: the forgotten dimension [online]. [acesso em 1 ago. 2004]. Disponível em: http://www.rcpsych.ac.uk/pdf/powell_19_11_03_2%20.pdf. [Links]

Prayer and health: review, meta-analysis, andresearch agenda. Masters KS, Spielmans GI. J Behav Med. 2007 Oct;30(5):447. Epub 2007 May 3. Review.

QUEVEDO, João *et al. Emergências psiquiátricas*. 2ed, Porto Alegre, Artmed, 2001.

RAINE, Adrian. Anatomia da Violência. Porto Alegre, Artmed, 2015.

REDYSON, Deyve. Universidade Federal da Paraíba. Schopenhauer e o Pensamento Oriental entre o Hinduísmo e o Budismo. Religare 7 (1), 3-16, Março de 2010.

Reportagem sobre a garçonete e os bombeiros. http://noblat.oglobo.globo.com/cronicas/noticia/2015/08/cartas-de-nova-york-existe-amor-em-nyc.html. (Acesso em 1o de setembro de 2015)

Research methodology for studies of prayerand distanthealing. Targ E. ComplementTherNursMidwifery. 2002 Feb;8(1):29-41. Review

ROSEN, Sidney. *Minha voz irá contigo*. 2ed, SP, Editorial Psy, 1997.

Rossanon André Dal-Farra. Health Education and Spiritualitty: methodological propositions. Rev. bras. educ. med. vol.34 no.4 Rio de Janeiro Oct./Dec. 2010

SALGADO, Mauro I.; FREIRE, Gilson. *Saúde e Espiritualidade* 2v, BH, Inede Editora, 2008.

SANTO AGOSTINHO. *Confissões*. 18ed, SP, Vozes, 2002.

SANTOS, E. G.; SIQUEIRA, M. M. - J. Bras. Psiquiatr. vol.59 no.3 Rio de Janeiro 2010 - Prevalência dos transtornos mentais na população adulta brasileira: uma revisão sistemática de 1997 a 2009.

Sobre a Teoria do Caos - http://www.professores.uff.br/salete/caos.html . Acesso em 15 de agosto de 2015.

STEVENSON, Ian. 20 casos sugestivos de reencarnação. 2ed, EUA, University press of Virginia, 1974.

STEVENSON, Ian. Metade de uma carreira com a paranormalidade. Rev. Psiq. Clín. 34, supl 1; 150-155, 2007.

Substance abuse in anaesthetists. Garcia-Guasch R, Roigé J, Padrós J. CurrOpinAnaesthesiol. 2012 Apr;25(2):204-9. doi: 10.1097/ ACO.0b013e32834ef91b. Review.

Substance use disordersand ADHD: an overview ofrecentDutchresearch].vanEmmerik-van Oortmerssen K, Crunelle CL, Carpentier PJ.TijdschrPsychiatr. 2013;55(11):861-6. Review. Dutch.

SUPERVISÃO EM PSIQUIATRIA – O Ensino da clínica e a clínica do ensino. 1ª ed. Segmento Farma.

TEIXEIRA, João de Fernandes. *O que é Filosofia da Mente*. SP, Brasiliense, 1994.

BIBLIA. Português. *Bíblia Thompson*. SP, Editora Vida, 2014.

UBALDI, Pietro. *Deus e o Universo*. 3ed, SP, Ed. Fundapu, 1987.

VAN LOMMEL, PR; VAN WEES R, MEYERS, Elfferich I. Near-death experience in survivors of cardiacarrest: a prospective study in the Netherlands. Lancet. 2001;358:2039-45.

VON HAESLER, N. T; BEAUREGARD, M / Ver Psiq Clín. 2013;40(5):197-202. Experiências de quase morte em parada cardíaca: implicações para o conceito de mente não local.

WEILL, Pierre. *Antologia do êxtase*. SP, Palas Athena, 1993.

WOODWORTH, M. & PORTER, S. (2002). In cold blood: Characteristics of criminal homicides as a function of psychopaty. Journal of abnormal psychology 111, 436-45.

XAVIER, Francisco Cândido. Psicografia de André Luiz. *No mundo maior.* FEB Editora.

XAVIER, Francisco Candido. Psicografia de André Luiz. *Evolução em Dois Mundos.* FEB Editora.

XAVIER, Francisco Cândido. Psicografia de André Luiz. *Nosso Lar.* FEB Editora.

XAVIER, Francisco Cândido. Psicografia de Emmanuel. *A Caminho da Luz.* FEB Editora.

XAVIER, Francisco Cândido. Psicografia de Emmanuel. *Há 2000 anos.* FEB Editora.

XAVIER, Francisco Cândido. Psicografia de Emmanuel. *Paulo e Estevão.* FEB Editora.

ZEIG, Jeffrey K. *Vivenciando Erickson.* SP, Livros Pleno.2003.

ZOHAR, Danah; MARSHAL, I. Spiritual Intelligence. Bloomsbury papperbacks.

Sobre o autor

Fabrício Oliveira é mineiro, casado e atualmente pai de três filhos. Criado no interior de Minas Gerais, de onde saiu para concluir os seus estudos de nível secundário e superior, no campo profissional. Formou-se médico pela Universidade Federal de Minas Gerais especializando-se em Psiquiatria e Homeopatia, com pós-graduação em Dependência Química com formação nas áreas de Hipnose Ericksoniana, Constelações Familiares e Gestão de Pessoas.

Com experiência no setor público e privado, tem atuado como terapeuta, palestrante e escritor. Como médico, na área de Saúde, já atendeu mais de 10 mil pacientes e familiares. Dessa lavra, retira a sua inspiração para a escrita do presente livro, repleto de sua gratidão por todos estes dez anos de boas práticas e muita troca e aprendizado nesse campo.

Como palestrante e agente de promoção e prevenção em Saúde, na interface com a Educação e a Espiritualidade, já ministrou palestras no Brasil e no Exterior, envolvendo as áreas de Saúde, Religiosidade, Educação e Espiritualidade Humana, para milhares de pessoas.

Durante o período acadêmico, fundou, junto com alguns colegas, o NASCE - Núcleo Avançado de Saúde, Ciência e Espiritualidade da Faculdade de Medicina da UFMG (Universidade Federal de Minas Gerais), e frequentou várias reuniões e congressos de Saúde e Espiritualidade durante a sua formação. Foi, inclusive, um dos membros da comissão de implantação da disciplina optativa de Saúde e Espiritualidade, no currículo médico desta universidade, no começo deste século.

Atualmente trabalha em duas capitais do país como terapeuta - Brasília e Belo Horizonte, e mantém ativa sua produção como escritor, com mais três volumes no prelo para essa coleção.

Como palestrante atua no Brasil e no Exterior, oferece palestras, cursos e workshops voltados para o desenvolvimento pessoal e profissional, numa perspectiva bio-psico-socio-espiritual para famílias, escolas e outras organizações.

Conheça mais em: www.drfabriciooliveira.com

Como participar de eventos e cursos com o Dr. Fabrício Oliveira?

Prezado(a) leitor(a),

É com imensa satisfação que me comunico nestas páginas agora com você! Nasci para isso! Esse é o meu legado e quero compartilhar tudo o que tenho aprendido com você a partir do que vou lhe apresentar agora!

Sempre me perguntei como poderia ajudar as pessoas além das atividades que realizo em meu consultório. Como alcançar mais gente, de forma positiva e promovendo saúde e paz em nossa sociedade. Por causa disso, e com muita satisfação, desenvolvi um programa de atividades que posso realizar em grupo e atender às demandas e necessidades das pessoas em todo o país e no exterior, por meio das quais elas poderão nos conhecer e – se quiserem – contratar os nossos serviços para que possamos ir até à sua respectiva região ou para que elas possam vir ao meu encontro, numa proposta de mútuo crescimento e aprendizado.

Esse programa inclui as seguintes atividades, que se dividem em presenciais e à distância (online): Dentre as atividades presenciais, estão as ***Consultas***, ***Palestras***, ***Workshops*** e ***Grupos de Crescimento***. E dentre as atividades online: ***Cursos livres***, ***Supervisão*** e ***Consultoria***.

Se quiser conhecer mais, entre no nosso site!

Um grande abraço!

Fabrício Oliveira

www.drfabriciooliveira.com

Este livro foi composto com tipografia Bembo e impresso
em papel Off-Set 90g. na Gráfica e Editora Del Rey.